U0058244

普 天 之 下 · 盡 是 好 書

普天 出版家族
Popular Press Family

凌雲 文創
A-Plus Creative Company

態度是改變人生高度的關鍵因素

改變態度，就會改變你的高度 全集

Change Your Attitude

黛恩—編著

莎士比亞曾經說：「**假使我們將自己比做泥土，那就真要成為別人踐踏的東西。**」
確實如此，態度會決定一個人的人生高度，贏家與輸家最大的差異就在於用什麼態度面對人生。
一個人最終能否有所成就，是否過得快樂幸福，其實就看遇到種種失意挫敗之時，
願不願意改變那些錯誤的負面心態。
如果你一味地把自己視為泥土，當然就註定一輩子要被別人踩在腳下。
適時改變面對事物的態度，放下內心那些偏頗、怨艾、自以為是，才會提昇自己的人生高度。

• 出版序 •

盡力改變現在，才能徹底改變未來

只要我們失意時也不放棄，將自己的實力發揮到極致，多一點信心再堅持一下，就能得到屬於自己的成功。

盧梭曾說：「許多人將希望寄託在明天、明年，甚至是不可預知的未來，卻從來不肯努力好好地改變現在。」

確實，想要改變未來，就必須從改變現在開始。遭遇失敗挫折，最重要的關鍵就在於下定決心改變自己。只要能隨時修正現在的腳步，往對的方向前進，自然而然就能到達自己想要擁有的未來。

不要將一時的失意，當成自己永世不能翻身的心靈魔咒，先萬要切記，當自

己越失意的時候，就越必須努力，因爲，只有努力，才能將自己從失意的泥沼之中拯救出來。

失意的時候，千萬不要對未來感到悲觀和沮喪，反而要更加努力，把眼前的不如意當成是希望來臨之前的曙光。

老亨利是一家大公司的董事長，儘管年過七旬，仍不願意在家裡享清福，每天都到公司巡視。

他對員工很和善，從不發脾氣，總是鼓勵表現不佳的員工：「沒關係，別灰心，再堅持一下，一定能成功。」說完還拍拍對方的肩膀。他這種做法很得人心，大家都賣力地工作，誰也不偷懶。

一天，產品開發部經理馬克向老亨利提出報告：「董事長，這次試驗又失敗了，我看就別再試了，已經是第二十三次了。」

馬克皺著眉頭，瘦削的臉上神情十分沮喪。

「年輕人，別著急，坐下。」老亨利指了指椅子，「很多事情就是這樣，屢做屢敗，眼看沒有希望了，但再堅持一下，就能成功。」老亨利安慰馬克。

看著老亨利神色自若，又擁有如此寬廣又舒適的辦公室，馬克心裡不太平衡，心想：「他有何本事成爲這間大公司的老闆？根本不懂我的難處。」

「董事長，我沒辦法了。您是不是該換個人辦？」馬克的聲音有些猶豫。

「馬克，你聽我說，我之所以將工作交給你，是因爲我相信你一定能成功。讓我爲你講個故事。」老亨利吸了一口雪茄，開始說了起來。

「我從小家境清寒，沒受過什麼教育，但我一直努力想闖出一番名堂。終於在我三十一歲那年，發明了一種新型節能燈，在當時造成不小轟動。但我是個窮光蛋，需要一大筆資金開發市場。

我好不容易說服銀行家投資我的節能燈市場，其他業者知道此事，害怕自己的燈會沒銷路，千方百計阻撓我。可是誰也沒想到，就在我要和銀行家簽約時，突然得了膽囊炎住進醫院，醫生說必須動手術，否則有生命危險。

其他燈廠的老闆知道我生病的消息，四處散佈傳言，說我得的是絕症，想騙

取銀行的錢來治病。更嚴重的是，有一家公司正在加緊研製這種節能燈，如果他們搶在我前頭，我就完蛋了！躺在病床上的我萬分焦急，只能鋌而走險，先不動手術，如期與那位銀行家見面。

見面前，我先打了止痛劑。我忍住疼痛，裝作沒事般和銀行家討論投資的事。藥效過後，我的肚子跟刀割一樣疼，後背的襯衫都讓汗水濕透了。我仍咬緊牙關，繼續和銀行家周旋，那時我心裡只剩下一個念頭：再堅持一下，成功與失敗的關鍵就在能不能挺住這一時了。

在銀行家面前，我一點破綻也沒露，完全取得了他的信任，最後，我們終於簽了約。我送他到電梯門口，臉上還帶著微笑，揮手向他告別。當電梯門一關上，我就撲通一下昏倒在地，緊急送醫。後來醫生告訴我，當時我的膽囊已經積膿，相當危險！」

「我就是靠著這種精神，才一步步走到現在的。」老亨利微笑著，一口氣將自己的故事講完。

馬克被董事長的精神感動，打起精神繼續試驗，在試驗進行到第二十五次的時候，終於成功了。

黎巴嫩詩人紀伯倫曾經寫道：「如果理想是人生大船的舵，那麼，態度則是人生大船的帆。」

重要的並不是你遭遇什麼，而是你用什麼心態面對。想出人頭地，就必須調整自己的心態，努力改變現在。不必哀怨愁苦，不必一味嘆氣，只要願意積極改變現在，你就可以改變自己的未來。

無論一個人再怎麼優秀，再怎麼有能力，失敗的次數還是和平常人一樣。這是因為，人們會跟與自己能力相當的人競爭，自然失敗的次數也和常人一樣。就像一個網球國手，和他比賽的對象都是國家級的網球好手，面對強勁的對手，他不一定每次都獲得勝利。

「如果能再聰明一點、再強一點就好了。」當我們遇上困難時，總會這樣想，並且相信那些比自己優秀的人所遭遇的失敗一定比自己少。因為抱持這種想法，

所以讓自己愈來愈沒信心，更容易向問題投降。

就像故事中的馬克，羨慕老亨利的成就，埋怨自己的不如意，卻沒想過老亨利的成功也是經過重重考驗。

英國作家毛姆曾經寫道：「一經打擊，就喪志失意，甚至放棄努力的人，永遠是個失敗者。」

當我們自覺能力不如人時，不妨修正自己的想法，就算再優秀的人，跌倒的次數也和我們一樣。只要我們失意時不放棄，將自己的實力發揮到極致，多一點信心再堅持一下，就能得到屬於自己的成功。

出版序 盡力改變現在，才能徹底改變未來

PART—1

改變方法，才能掌握圓夢的方法

不要讓夢想淪為空想，只有改變方法，才能掌握最正確的圓夢方法。把自己的夢明確地描繪出來，你才有機會在有生之年完成。

PART—2

改變態度，才會過得幸福

每個人都有自己的行為模式，在愛情裡的空間，能夠相互體諒、相互配合，才是莫大的福氣。

PART—3

好運氣，來自積極的念力

好運氣是積極念力造就的成果。無論眼前的際遇如何，只要心裡懷抱著希望，就能夠讓我們吸引更多運氣。

PART——4

不甘於平凡，就有可能不平凡

人生在世總有道不完的苦處，只有不怕吃苦的人才有苦盡甘來的時候。態度決定你的人生高度，只要下定決心改變，機會就會出現。

PART—5

不怕跌倒，才會越來越好

「懂得如何爬起來」，才是摔倒要帶給我們的寶貴經驗。只要面對每一次的挑戰都努力奮戰，總有一天成功將屬於自己。

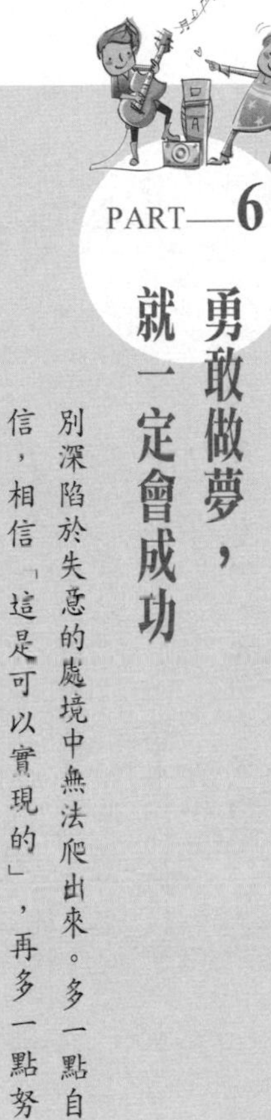

PART—6

勇敢做夢，就一定會成功

別深陷於失意的處境中無法爬出來。多一點自信，相信「這是可以實現的」，再多一點努力，必然能夠美夢成真。

PART—7

改變心態，就會改變未來

人生中有許多不變的真理，支持我們前進。如果我們能在這些不變的真理中尋求改變，就能讓自己從不如意的際遇中脫穎而出。

PART—8

別讓環境削弱志氣

有競爭才會有進步，投身到一個大家能力都不如自己的地方，除非很有毅力，懂得不斷充實自己，否則很難前進。

PART—9

何必用恨意折磨自己？

鎮日委屈自己，任由放不開的情愫折磨，其實只是自尋苦惱，除非你愛上那樣的滋味，否則何不放手讓彼此自由？

PART—10

改變環境就能改變人生

若要強迫他人依照我們的路子去走，枉顧他人的意願，那麼所得到的回應肯定只有反抗和虛情假意。

Part 1

改變方法，才能掌握圓夢的方法

不要讓夢想淪為空想，
只有改變方法，
才能掌握最正確的圓夢方法。
把自己的夢明確地描繪出來，
你才有機會在有生之年完成。

珍惜一切，生命就不再殘缺

即使失去一樣感覺，依舊可以獲得和別人一樣多的幸福。我們又如何能夠不善用已擁有的一切，為自己贏得更多的幸福呢？

有一部電視劇，劇中的女主角罹患了一種少見的疾病，全身的肌肉會漸漸失去控制力，最後無法行走、無法說話，甚至無法吞嚥、無法消化。當醫生宣布她罹患了這種病之後，無疑就爲她宣告了死期。

然而，這個女孩還是依靠著樂觀的生活態度，走過短暫的一生，她留下的日記，鼓舞了許多人的心。

大部分的人都擁有一副健康的身體，可以自由自在地活動，可以自由決定要

如何生活。但是，也有一些人，在出生的那刻，或是小的時候，身上的某種能力就被剝奪，先天的殘缺致使他們必須以較少的生命籌碼面對生活。

然而，他們並不因爲籌碼短少就自暴自棄，他們比正常人更清楚：只要珍惜自己擁有的一切，生命就不再殘缺。

喬治．坎貝爾出生的時候就因爲罹患先天性白內障而雙目失明，當時的醫療技術，對於這種先天性的疾病還沒有治療的方法。不過，看不見東西的喬治在雙親無微不至的照顧下，生活並沒有任何難題，反而特別幸福，因爲他從不知道自己失去的是什麼。

喬治六歲的時候，有一天和媽媽一起到公園散步，一個小朋友跑過來丟球給他，想和他一起玩球，結果喬治的母親還來不及阻止、說明，那顆球已經敲上他的額頭。

喬治說：「媽媽，有東西打我的頭。」

雖然喬治沒有受傷，但是，他的母親知道必須把一切眞相對他說明。於是，她溫柔地抓住喬治的手說：「喬治，你坐下，媽媽跟你說，你的眼睛看不見。」

喬治當然不明白什麼是看不見，因爲他從來沒有「看見」過。

他的母親繼續抓著他的手，扳開一根又一根手指說道：「一、二、三、四、五，每個人都有五種感覺；你有聽覺，所以聽得見媽媽說話；你有嗅覺，所以聞得到好香的蘋果派；你有味覺，所以吃得出蘋果派甜甜的味道；你有觸覺，所以摸得到媽咪和爹地，也摸得到拿得到東西。」喬治的母親一邊扳著他的手指一邊解釋。

「可是，親愛的，你沒有視覺，所以你看不見媽咪，也看不到其他東西。這是你和其他孩子不一樣的地方。」喬治的母親繼續說著，「然而，寶貝，你要明白，雖然你沒有視覺，但是只要你好好運用其他四種感覺，你就可以和大家一樣生活。」

喬治的母親把一個球放到喬治手中，讓他分別用不同的四個指頭握球，喬治

合攏了手指便抓住了球。

「對，你抓到了。即使只用四根手指，你還是能抓球，喬治，不要忘了，只要你好好地運用其他四種感覺，你就能夠抓住你的幸福。」

這一句座右銘，讓喬治充滿陽光地度過生命的歲月，他雖然失去視覺，但人生卻沒有因此黑暗。

我們經常會爲自己缺乏的事物感到沮喪，有時候甚至沮喪到忘記自己究竟擁有了哪些。

人在獲得的時候，會感到滿足與快樂，但隨著滿足與快樂的時刻過後，相同的獲得可能就不再達到相同的效果。相反的，人面對失去的時候，感受到的沮喪和難受，卻會隨著每一次的失去一再加重。比起擁有，我們對於缺失的容忍度相對少很多。

就好像故事裡的喬治，還不明白自己缺少視覺之前，不曾因爲看不見這件事感到難過，一旦明白了這一生都看不見別人能看見的事物時，遺憾和沮喪必然會充斥他的內心。然而，喬治的母親帶給他一個法寶，讓他知道，即使失去一樣感覺，依舊可以獲得和別人一樣多的幸福。這個法寶，幫助他度過生命中的許多難關。

珍惜一切，生命就不再殘缺。我們擁有的可能比喬治還多更多，又如何能夠不善用已擁有的一切，爲自己贏得更多的幸福呢？

認識自己，投入自己熱愛的領域

改變態度，才能改變你的人生高度。靜下心來探討自己不如意的原因，真切地去體認自己的特質，才能找到那一條讓自己發光發熱的道路。

很多人不喜歡批評家，認為這種人就是喜歡找碴，只會胡亂批評，開口沒有半句好話。

可是，換個角度想，批批何嘗不是一種鞭策的力量？

不少優秀的批評者，其實極度深愛他們批評的領域，往往帶著某種程度的深情來看待被批評的對象。如果願意用正面的態度面對，就不難發現，每一句批評的言語，背後都是許多的希望和渴盼。

小羅伯特．派克是個品酒家，年僅三十九歲就在製酒界具有舉足輕重的地位。他原本是一名律師，壓根沒想過自己會從事和酒相關的職業。他和酒結緣是因爲二十歲的時候，經常去史特拉堡探望在那裡就讀大學的未婚妻。那時他最愛喝的飲料是可樂，不過，在史特拉堡大學附近想喝一杯飲料，得花上一美元，於是，他們只好改喝比較便宜的葡萄酒當作佐餐飲料。

後來，派克一頭栽進葡萄酒的世界，開始認識各種不同的酒種、發酵方式等等，不但努力查閱各種資料，而且還親自到各個酒莊參觀，品嚐各種葡萄酒的風味，漸漸地累積了各種知識和鑑賞的品味。

接著，他開始發表一些酒類通訊的報導，把品嘗各種酒類的評價記錄分享給讀者。這份報導《暢飲者》在三十七個國家裡擁有一萬七千三百多名訂戶，而且訂戶的數量每個星期都在增加。至於派克所寫的第一本酒類評論書《波爾多》也在美國狂銷近七十萬冊，還在法國和英國出版上市。

許多酒商開始把派克對酒的評語印在廣告上，顯然表示他的評論對製酒業有著極大的影響力，同為品酒師的前輩休．約翰遜甚至公開表示：「派克的影響比我還大。」

派克離開了律師工作，開始全心投入品酒事業，把絕大部份的時間和金錢都花費在品酒上，這樣的投入產生相當驚人的成果，他對酒的品評甚至足以影響市場的變化。

一名紐約的酒商米歇爾．艾隆就強調，不只酒類零售商受派克的評論影響，他的建議甚至能夠使釀酒商做出抬高價格或是提前下架的行動。不少釀酒商為了從派克口中得到良好的評價，更費盡心力釀造出最好的葡萄酒。

得到這樣的聲望，派克並沒有得意忘形，總是謙遜地說：「我並不想成為毀掉人們飲酒樂趣的主宰者，我只是慎重地在從事這份工作，而且我要做上一輩子。」派克甚至聲稱，他將永遠不會對品酒感到厭倦。

這是一名品酒師對自己的志業懷抱的理想，顯然，當一個人將全部的身心靈都投注在某一個向度上，就能夠產生一股任誰都無法漠視的力量。

有些人總是抱怨自己的成就不如人，沒有錢，沒有地位，沒有成就。可是，我們回過頭來想想，有多少人是天生就擁有錢、地位和成就？那些天生擁有的人，又有多少眞正因此發光發熱？

不可諱言的，有些人老天爺賞飯吃，讓他們很早就能嶄露頭角，平步青雲，從某個角度看來得天獨厚，但是，假使這些人未曾徹底發揮自己先天的才幹，試問又如何受人矚目？

有「籃球之神」之稱的麥克·喬登，有一陣子想要轉換跑道打棒球，或許他的人生資源足以供應他投入任何一個想要投入的領域，但是棒球場上的喬登和籃球場上的喬登，卻不可能會有相同的光彩。

不要老是抱怨和嫉妒，唯有改變態度，才能改變你的人生高度。靜下心來探討自己不如意的原因，眞切地去體認自己的特質，捫心自問自己的喜好，你才能找到那一條讓自己發光發熱的道路。

選擇自己的人生路，而後快意奔馳

能夠在自己選擇的道路上快意奔馳，腳踏實地參與自己的生活，體會生活中的快樂與痛苦，這樣的人生才不會平淡無味。

不是每個人生來都能一路過著風平浪靜的生活，我們總會在人生的旅途上遭逢一些困難與障礙。有時我們想振翅高飛，卻突逢狂風驟雨；有時我們打算快步疾行，卻被地上的淺坑絆倒；生命中總有許許多多的歷練提醒我們，人生其實並不容易。

可是，我們是否就該放棄這不容易的人生呢？如果，人生一路都風平浪靜，只有一望無盡的藍色海洋，會不會減少了幾分刺激與樂趣？

歷經過險濤的衝擊，不只平安度過難關的情緒讓人心安，那份經歷過冒險的體會，往往會讓人縈繞著熱血沸騰的感覺。

威廉．吉爾蘭德的父親結束了近三十年的郵差生涯。

在這之前的日子裡，每個禮拜有六天的時間，他必須跋涉喬治亞州東北方的山區，挨家挨戶地送信。

在偏遠的山區裡送信，辛苦可想而知，有些地方連車子都過不去，只能靠雙腳行走，有些地方得走上好幾公里才能把信件送到。但是，威廉的父親並不曾為自己的工作抱怨，即使到了退休的年齡，終於離開工作崗位，不再需要每日長途跋涉，他仍然經常回想起那些在山區裡送信的日子。

經常有人對威廉的父親說：「辛苦了一輩子，現在退休了，終於可以好好放鬆自己享享清福。」認為他現在既有安穩的家庭，又有豐厚的退休金，應該好好地享受生活。

可是，威廉的父親卻不以爲然，總是回答：「這幾十年來，我可是每一天都在享受生活呢。」

威廉的父親回憶起過往，認爲自己一生中最快樂的日子，不是終於得以退休的時刻，也不是在終於賺到他們家第一棟房子的時候，反倒是他們全家一起窩在一個小套房裡，而他每天拚了命工作的時候。他覺得，自己當時渾身充滿了活力，每天頂多睡四個小時，卻從來不覺得累。在那個年代，家裡的經濟並不寬裕，可是每當全家人累積了一筆小小的財富，一起歡樂慶祝，那時的快樂，在現回想起來，是分外令人感到愉快的記憶。

現在，威廉的父親每天過著清閒的退休生活，反倒一點也不想輕鬆享受，而是想辦法要多找些事情來做。

他總是說：「現在我一醒來就想著，我要如何努力追求新的事物，因爲每過一天，我可以學習和探索的機會就又少了一點。」

一個人在生活中，能夠一貫保持著徐徐前行的態度，那樣的人生，應當是時時刻刻充滿著希望和樂趣的吧？

如果可以走平坦的康莊大道，大概沒有人喜歡顛簸或崎嶇不平的道路。但是，人生路不是尋常的道路，如果生命中沒有任何一點起伏，又有什麼意思呢？假使事事都順心如意，人眞的會感到滿足嗎？一個充滿挑戰的人生，恐怕才會讓人更加意氣風發。

或許，人生眞正的意義並不在於馬到功成的一刻，而是在策馬奔馳的過程。能夠在自己選擇的道路上快意奔馳，腳踏實地參與自己的生活，體會生活中的快樂與痛苦，這樣的人生才不會平淡無味。

改變方法，才能掌握圓夢的方法

不要讓夢想淪為空想，只有改變方法，才能掌握最正確的圓夢方法。把自己的夢明確地描繪出來，你才有機會在有生之年完成。

學生時代，常常遇到「我的志願」、「我的夢想」和「我最想做的一件事」……之類的作文題目。上作文課的時候，有人寫來洋洋灑灑，有人爲了擠出一篇文章而絞盡腦汁，大家都認眞地寫出自己的心聲，只是，多年以後，你還記得多少當年的理想？

我們都對自己有不少的期許，不管做得到、做不到，每個人心裡總有些自己眞正想做的事。有人盼望有生之年一定要到自己嚮往的國度旅遊，有人期望自己能夠在三十歲之前賺到第一個一百萬，有人想買一棟自己的房子，有人希望和心愛的人共度一生……

夢想，一直在每個人的心裡圍繞，只是有些夢能夠實現，有些卻永遠只是夢境，爲什麼？

有個作家列出一張單子，記錄著自己死前想做的九十九件事。這個做法引起了許多迴響與效法。

溫迪．威廉姆斯也有自己的一張清單，記錄著死前想做的五十件事。他之所以列出這張自己的清單，是受到朋友的影響。

當時他和朋友逛街，結果這個從來沒拿過畫筆的朋友，竟走進一家美術用品店，買下一整套畫具。溫迪很好奇朋友的舉動，朋友表示自己最近報名了水彩繪畫班，這幾天就得開始上課，所以需要畫具。

經過溫迪一再追問，朋友才語帶保留地說他決心開始實行清單上的計劃。溫

迪問：「什麼樣的清單？可以借我看看嗎？」

朋友說：「那是我決定死前一定要做到的五十件事，不太方便借你看，不過，你可以試著列張清單，然後你就會明白了。本來，我覺得人生蠻無聊的，每天辛苦工作卻不知道是爲了什麼，不過，現在我決定把我的生命拿來完成那張清單。」

溫迪對朋友的決心感到好奇。其實，他對生活感到乏味已不是一日兩日的事了，儘管心中仍有夢想，有許多事想做，但總找不到時間來做。他照著朋友的建議開始條列自己的清單，剛開始列了幾項看起來不是挺容易達成的目標，比如四十五歲退休、全家到國外旅行十次……等等，但是這些遙不可及的夢想，塡來塡去也不過一、二十項。

接下來，溫迪開始回憶自己年少時的夢想，發現有些事情其實放在心裡很久了，像是學開怪手、裁培出某個品種的玫瑰、在學校教書……等等。這些事，認眞想起來，似乎不是完全不可能達成。不管是在教會當義工或是攻讀研究所，都是只要下定決心就可能達成的。

洋洋灑灑列出了近五十件想要做的事情清單，突然溫迪對自己有了更多了解。

因爲，那些事情如果眞的都想在有生之年做到，那麼有些事勢必得從現在起開始著手不可，他根本沒有時間自怨自嘆。

溫迪完成自己的清單，而且決心逐步完成清單上的任務之後，生活確實有了改變。現在，他每天下班回家都有事可做，而不是呆坐在電視機前面一遍又一遍狂按選台器。生活雖然變得忙碌，但是因爲忙的都是自己想做的事情，相對得快樂似乎也多了不少。

不同的態度，造成不同的人生高度，也讓人走向不同的人生道路。眼前會發生什麼事情，或許不是我們可以左右的，但是，我們絕對可以藉由改變自己的心境，讓自己心想事成。

想去的地方，只要制定計劃，去得成的可能性相對會提高許多。

有了奮鬥目標，爲了要邁向成功，再多的難關，咬著牙也會撐過去，再多的難處也可以忍耐。

同樣的，有了努力的方向，成功的機率也勢必高出許多。

當夢想被具體化爲實際目標後，才可能規劃出明確的實行步驟，也才可能有夢想成眞的機會。

不管你的夢想是什麼，都要試著把夢想當成目標書寫下來，提醒自己還有什麼事要做，還有什麼地方必須努力，夢想才不會一直漂浮在雲端。

不要讓夢想淪爲空想，只有改變方法，才能掌握最正確的圓夢方法。把自己的夢明確地描繪出來，你才有機會在有生之年完成。

讓自己的夢想一點一點實現

相信自己的選擇，也為自己的選擇努力，那麼，美夢結成的果實，就會受到汗水和淚水的浸潤而變得更加甘美。

夢想如果永遠只停留在空想的階段，那麼就只會是白日夢而已。

但是，如果我們有勇氣，願意給自己更多機會，或許夢想就會帶給我們截然不同的感受和快樂。

英國作家彌爾頓曾在他的名著《失樂園》這麼提醒我們：「快警醒，快起來，否則將永遠沉淪了。」

一個不能當機立斷主宰自己生活的人，永遠也無法實踐自己的人生夢想，只

會逐漸淪爲生活的奴隸，整天坐著唉聲歎氣。

安妮．弗恩斯是個喜歡做夢的女孩，即使已經是三個孩子的媽，還是會在刷鍋洗碗的時候，想像自己正在參加最佳電影女主角的頒獎典禮。搭火車的時候，她也會想像自己正坐在南太平洋斐濟群島的度假飯店陽台上，一邊喝著雞尾酒，一邊創作最新的一本暢銷書。

白日夢雖然縹緲迷濛，卻能讓人自得其樂。她可以暫時忘記自己有個家要照顧，有三個頑皮小鬼得設想，可以自在地在想像之中獲得樂趣。

有時候，上天會不經意地給人一份禮物，幫助人夢想成眞。

安妮正好遇上一次這樣的機會，意外地獲得一筆遺產餽贈，這意味著她有機會讓自己的某個美夢成眞。

幾經考慮，安妮決定開一家舊書店。

之所以會想開書店，是因爲安妮一直對閱讀有著濃厚的興趣，而且從中學時期起就夢想有一天要擁有一家自己的書店。

下定決心付諸行動之後，事情似乎沒有想像中困難。安妮找到一個地點不錯的小店面，而後一連串的工作讓她忙得不亦樂乎，買書辦書、釘架子、畫海報，總算讓她的小舊書店看起來有模有樣。

書店開張的那天，親朋好友都前來道賀，但坦白說，沒有一個人相信安妮的書店可以長久經營下去，或是有什麼樣的盈利。然而，安妮決定給自己的夢想多一點時間和機會。

幾年下來，安妮的書店雖然沒有成長成更大的規模，倒也沒有悽慘到必須關門大吉。最重要的是，經由這家店，安妮認識了許許多多愛書人，也結交了不少和她同樣喜愛舊書的朋友。

每當安妮看見有客人在她的店裡找到尋覓已久或是愛不釋手的書，那種表情就是心中極大的安慰。

安妮把資產投資在自己的夢想裡，儘管這個夢想並沒有爲她帶來豐厚的經濟收益，但是她從來不曾爲自己的行動感到後悔。因爲，在這家小小的舊書店裡，

她得到遠超過金錢所能帶來的快樂。

有時候，我們總以爲夢想距離我們很遙遠，我們總以爲實現夢想是一件極度困難的事，甚至以爲容易實現的便不能稱之爲夢想。那是因爲，我們替夢想設定了過高的門檻。

美夢成眞是件令人興奮的事，更是一件値得肯定的事。

相信自己的選擇，也爲自己的選擇努力，那麼，美夢結成的果實，就會受到汗水和淚水的浸潤而變得更加甘美。

我們不用設定遙不可及的夢想，盡可能讓自己的夢想可以一點一點實現。如此一來，只要踏出第一步，我們和夢想的距離就能縮短一步。

勇敢選擇自己想過的生活

一輩子為別人而活的人生，真的是我們想要的嗎？勇敢地活出自己，也許才是我們生命中最重要的選擇。

人生要過得快樂，就一定要追求自己認定最有意義有意義的生活，唯有內心世界感到充實，人才會充滿喜樂。

如果一個人被迫去做他不樂意的事，那無疑是一種懲罰；如果一個人被迫不能進行他喜愛的活動，那無疑也是一種懲罰。

能夠勇敢面對自己眞心的人，或許會被人認爲是傻子；但是，對他們而言，不選擇自己眞正想要的生活，才是眞正的瘋子。

亞歷山大·布洛克的祖父是一名音樂教授，在史普林希爾學院執教四十年，雖然工作期間十分受到學校師生的敬重與喜愛，但是薪資卻很難維持一大家人的生活開銷，如果不是亞歷山大的祖母懂得持家理財，布洛克一家非得挨餓不可。

所以，在布洛克家裡，只要一提起音樂，所有的人就會立刻想起那段苦哈哈的日子。

這也使得，亞歷山大念大學的時候，他的父母堅持要他念商學院，不准他進音樂學院攻讀小提琴。後來，家裡的經濟狀況變差，亞歷山大不得不休學工作，以維持家計。

事實上，亞歷山大並不認爲經商不好，只是他志不在此，不願意投入這個領域，因爲對他來說，從事商業工作唯一的價值就是換得金錢，除了錢，每天的工作只是在努力忍受而已。

他開始覺得自己正在浪費生命，可是，他也清楚家裡的環境尚不足以容許他任性，所以，他對自己的期許就是努力賺得更多的錢，等存夠了錢，就要到歐洲去學音樂。

於是，他開始每天提早兩個小時早起，先到頂樓練習小提琴，然後再走路去公司上班，在路上囫圇吞下母親爲他準備的早餐，中午則只去附近便宜的餐館草草用餐，有靈感的話就把自己創作的曲子記錄下來。至於晚上，則絕不和同事去應酬，也不參加任何聚會。

終於，亞歷山大存足了錢，家裡的經濟狀況也日漸好轉。於是，他毅然決然地辭去自己的工作，就像一隻放飛的鳥，也像剛出獄的囚犯，興高采烈地搭上前往歐洲的輪船。

在歐洲學習音樂的生活並不輕鬆，亞歷山大的日子過得刻苦，卻活得自在快樂，因爲他可以鎮日沉浸在最喜歡的小提琴和音樂裡。縱然他沒有金錢，也沒有富裕的生活，但是，他選擇了金錢交換不來的精神滿足。

或許有些人認爲他瘋了，但是亞歷山大卻以爲，如果不能擁有現在的生活自得和心中的理想，那才是不折不扣的瘋狂。

社會對於成就，自有一番定論，什麼樣的人算是成功人士，擁有什麼樣的成就才算是眞正的成功，從一般大衆的認知裡不難找到答案。但是，我們是否問過自己，眞的認同這些標準嗎？

矛盾的是，不少人發現自己的答案和所謂社會價值不同的時候，往往會隱藏自己眞正的意向，選擇依附大衆的標準。然而，做出這樣抉擇，我們眞的會快樂嗎？做一個僞裝自我的人，眞的能夠笑得開懷嗎？

究竟是爲別人而活，還是爲自己而活，會讓我們感到眞正快樂？或許你我心裡都各自有答案。如果，我們不得不暫時爲別人而活，那麼，是否也該爲自己設下一個底或期限？這意謂著我們仍舊在乎自己，意謂著我們依然追尋著內心深處最熱切的渴望，如此，我們便能安心地繼續過完眼前的生活。

一輩子爲別人而活的人生，眞的是我們想要的嗎？勇敢地活出自己，也許才是我們生命中最重要的選擇。

感謝支持你的人，支持你所愛的人

在我們的背後，都有深愛我們的人為我們加油；相對的，該我們為他們加油的時候，可千萬別吝嗇、推託。

實現夢想的道路上，阻礙是在所難免的，麻煩的是有些阻礙來自於我們周邊的人，更麻煩的是，這些阻礙我們的人可能對我們非常重要。

遇到這種狀況，我們該怎麼辦？是該放棄，順從重要的人？還是努力說服對方，把阻力轉爲助力？

一直參與劇團練習的雪莉，在公演前兩個星期突然表示她必須放棄演出，在場的同仁都感到很訝異。因爲，雪莉婉拒演出的原因並不是她生病或家裡發生什麼嚴重的事，而是她的男友大衛認爲她參加劇團演出占了太多時間。大衛的意思很明確，雪莉該做身爲一名足球隊員的女友該做的事：在他練球結束之後，送上毛巾、三明治。

導演尤金對於雪莉的狀況感到很頭痛，距離公演只剩兩個禮拜，而且雪莉一直把她扮演的角色詮釋得很好，一時之間叫他到哪裡去找人替代？

於是他決定對雪莉說實話：「雪莉，快要公演了，那個角色妳演得眞得很好，我沒辦法找到可以取代妳的人。」

雪莉聽了，眼睛發亮地說：「眞的嗎？」可是她一想起大衛，眼睛裡的光彩就又黯淡了下來，「可是，尤金，我還是得退出公演。」

尤金苦口婆心地說：「雪莉，聽我說，每個人都應該做自己擅長的事，妳是個好演員，應該要演戲。我想，大衛一定也能明白這點，他自己不是也很愛踢足球嗎？」

雪莉點了點頭，尤金又繼續說：「大衛知道妳戲演得很好嗎？他有來看過妳的彩排嗎？我敢打賭，妳一定是他的頭號球迷。」

雪莉說：「是啊，我是。」

尤金則回一句：「那他也應該是妳的頭號戲迷才對。」

終於，第二天雪莉繼續參加演出排練，大衛則在某一天晚上怒氣沖沖地衝進排練室打算找尤金算帳，幸好現場沒發生嚴重衝突。而後，聽說大衛換了新的女友，但雪莉並沒有失戀的悲傷，臉上的笑容反倒越來越燦爛迷人。

這次公演，雪莉的表現果然可圈可點。

的確，正如尤金所說，每個人都應該做自己擅長的事，在自己擅長的領域積極發展。如此，不但比較容易獲得成就感，相對的也比較容易得到成功。

每個人都和大衛一樣，希望自己重視的人能夠無條件支持自己，無條件成爲自己的後援，爲自己的努力加油。但是，換個角度想，我們是否也應該懂得投桃

報李，對我們重視的人一樣支持？

尤金的提醒，讓雪莉頗有感悟，她一直將大衛視爲最重要的存在，甚至可以爲了他捨棄極爲重要的事物，然而，大衛並沒有和她有相同的看法。由此，雪莉看出了他的自私和不成熟，也看出自己內心眞正在乎的關鍵。

我們可能沒有辦法實際協助心愛的人成功發達，但是，至少可以成爲對方心靈上的重要的支柱，給予對方支持，而不是落井下石。

一個成功男人背後，必定有一個無怨無悔的女人。相同的，一個成功女人背後也必然有個傾力支持的男人。

事實上，在我們的背後，都有深愛我們的人爲我們加油；相對的，該我們爲他們加油的時候，可千萬別吝嗇、推託。

態度，決定人生的高度

只要我們能給自己多一點耐力和毅力，辛苦地爬完了上坡路段之後，接下來自然能輕鬆自在地往成功的終點走去。

俄國文豪契訶夫曾經說過：「人的眼睛，在失敗的時候，方才睜了開來，看見成功的曙光。」

這句話告訴我們，成功經常會成爲下一次失敗的原因，當然，任何失敗也都可能因爲智慧和努力，而成爲下次成功的開始。

生活上一定會遇見困難，那是因爲每一個困難都是成功的助力，你是否也能如此看待，決定權就在你手中。

紮實地累積自己的實力吧！不論我們會遇到多少風雨，我們都一定能親手將雲霧撥開，讓希望的陽光再展笑容。

二十歲時，史東來到芝加哥，準備經營一家保險經紀公司，當聯合保險經紀公司註冊完畢之後，他立即聘僱近一千名的員工。

史東讓他們接受約一週的訓練，便分別將他們派往各州，並授予行銷經理的頭銜，他還將地方經營權，全都交由這些行銷經理掌管，由他們親自領導新進的行銷員，培訓自己所需要的助理人才。至於芝加哥總部，也留下了幾名助理，協助史東管理來自各分店的訊息與業務。

以爲一切都在掌控之中的史東，卻沒料到接下來竟遇上了美國經濟大恐慌，原本積極前進的事業，一夕之間跌到了谷底，因爲大家都沒有錢買保險，連最基本的意外險與健康險都保不起。

面對這突如其來的意外狀況，史東的事業面臨了極大的生存危機。

決心不放棄的他，努力地想出了激勵自己的座右銘：「只要你願意用樂觀與決心面對這一切，那麼你一定能重新再站起來！」

不一會兒，他又寫下了另外一句：「銷售是否能成功，決定權在於推銷員，不是在於顧客。」

爲了不讓自己的座右銘變成空洞無用的口號，他決定走出辦公室，親自到紐約市區推銷。一個月後，史東將成績帶回總公司與其他人分享，所有員工無不佩服他的能力。在這麼蕭條的時期，他竟然能讓每天的成交量，達到鼎盛時期的成績。

原來，在二〇年代初期，保險業剛剛開始進入民衆的生活中，市場自然十分龐大，他推銷得十分順利，所以在推銷員的工作心態上，史東並沒有特別注意，也沒發現新的行銷技巧，直到危機出現時。

從那一刻開始，他才發現，原來態度才是行銷人員的首要，特別是在他親自上場後，更能體會出問題所在。

從此，史東開始進行他的行銷講座時，第一課都是向業務人員詳細說明如何

培養積極的工作態度，並找出最適當的行銷手法！

史東以將近二年的時間到各分部演講，並親自陪同業務人員去推銷，也一再證明一點：「決定權就在我們的手中，不在顧客們的身上！」

在美國經濟的低點，史東積極突破困難與瓶頸，當美國經濟復甦時，他的事業同時也站上了高峰。

作家布朗寧曾經寫道：「一時的成就，通常以多年失敗為代價。」

的確，想要不經過艱難曲折和挫折失敗，就能功成名就的想法，往往只是癡人作夢的幻想。

你還是習慣等待別人的回應，然後才進行下一個步驟嗎？

「決定權就在你手中！」這是史東突破困難後的成功心得，更是每個人在面臨困難時，應當建立起來的正確態度。

面對未來生活上各種困境，我們都要給自己這樣堅定的信念，人生道路原本就會有崎嶇之處，當然也一定會有平坦筆直的路段，只要我們能給自己多一點耐力和毅力，辛苦地爬完了上坡路段之後，接下來自然能輕鬆自在地往成功的終點走去。

我們可以試著想像一下，當困難被我們視爲阻力時，慢慢地心中也開始感受到了恐懼，反之，當我們將困難視爲難得的挑戰時，很快地我們渾身便充滿了積極的戰鬥力。

將這兩種感受仔細比較之後，聰明的你應該知道要怎麼選擇了吧！

Part 2 改變態度，才會過得幸福

每個人都有自己的行為模式，
在愛情裡的空間，
能夠相互體諒、相互配合，
才是莫大的福氣。

找到自己的位置盡情演出

每個人都有自己的位置，把自己的角色表演到最好，就是我們來到這個世界最該做的事。

人無論進入哪個環境當中，都會想要讓自己處於優勢地位，這是理所當然的反應。

我們會喜歡和優秀的人事物連結在一起，以確保自己的優秀地位，一旦落入所謂非主流勢力當中的時候，就容易產生挫折感和排斥感。

其實，人生不僅僅是優與劣的競逐，每個人都有獨特的價值，我們該做的是找到自己的位置，然後盡情演出。

卡里娜在學校的成績一向不錯，她最好的朋友蜜西，更是班上名列前茅的風雲人物。

升上中學三年級的時候，班上來了一位新老師姓畢，負責教授世界史的課程。畢老師開學第一堂課的第一項工作，就是幫班上同學分組，同一組的同學得將課堂上學到的知識整合成一份小組報告。

畢老師發給每個人一張紙，請每一位同學寫下三個自己最喜歡朋友，讓老師做爲分組的依據，第二堂課時，老師會公佈每個小組的名單。

卡里娜和蜜西相視一笑，因爲她們知道只要把對方的名字寫上，就會被老師分配到同一組，好幾門課都是這樣。

可是，公佈分組名單的時候，卡里娜失望了，她非但沒有跟蜜西一組，而且分配在同一組的，都是平常完全沒有交集的同學。一個是連英語都說不好的外籍男生，一個是渾身髒兮兮、裙子長到拖地的女生，另一個則是整天奇裝異服的女孩。

卡里娜覺得非常難過，因爲她得一整個學期和這三個怪傢伙綁在一起。她決定去向老師抗議，希望老師能改變心意把她分配到蜜西那一組。

但是，畢老師並沒有滿足卡里娜的心願，而是對她這麼說：「卡里娜，別急著忿忿不平，用心去觀察，不久之後妳就會發現，妳的組員需要妳，而妳也需要他們。」

卡里娜對於老師的說法半信半疑，只能硬著頭皮，試著和其他三位組員互動，畢竟她並不想這一門課被當掉。

結果，幾堂課下來，卡里娜開始發現其他組員並不如她原先想的那樣一無是處。首先，英語不好的馬羅，並非頭腦很差，而是還沒有辦法很準確地用英語把他的想法表達出來，他的數理成績比班上任何一個人還要來得好。

至於，榮莉亞是因爲家庭信仰的宗教緣故，不得不穿長裙活動，不修邊幅的她，對於機器儀器等方面的常識高得嚇人，常說自己以後要當一個賽車整備員，專門替賽車手維修賽車。

總是奇裝異服的瑞瓊，則有自己一套服裝理論，談起時尚話題時，講得頭頭是道，旁人幾乎插不上嘴。

相對的，卡里娜也有自己的風格，經過一段時間相處後，她慢慢發現自己可以在什麼地方幫助他們。在她積極連繫之下，四個人都發揮了自己的特質，分工合作的結果，他們這一組的報告成績獲得了A。

得到好成績，四個人自然都非常高興，不過，他們也打從心底佩服畢老師，因爲如果不是他，他們不會知道透過彼此合作、各自發揮竟然可以如此順利完成這個報告。要是他們也可以打分數的話，也會爲畢老師打上A。

我們生活在這個世上，每天看似和很多人共處，但事實上，我們關注的對象只有少數人。對於大部分不直接對我們造成影響的人，我們多半採取「視而不見」的態度。

我們不會在乎今天搭上公車的司機是什麼樣的人，也不會在乎公司旁邊便利

商店的店員是誰，更不會在乎今天打掃捷運站公廁的人是誰。然而，仔細想想，不正因爲這些人在自己的工作崗位上善盡職責，我們的生活才得以順利推展？

不要小看自己，也不要小看別人，每一個人的努力，都會爲別人帶來影響。身爲這個世界裡的一份子，每個人都有自己獨特的價值，或許，我們其中的某些人，幸運地獲得比較多的資源，但並不意謂著這些人就具有比較高的存在價值。

每個人都有自己的位置，把自己的角色表演到最好，就是我們來到這個世界最該做的事。

改變態度，才會過得幸福

每個人都有自己的行為模式，在愛情裡的空間，能夠相互體諒、相互配合，才是莫大的福氣。

有些人喜歡操控事物，有些人則不喜歡爲事情的發展傷腦筋，有些人喜歡發號施令，有些人喜歡聽命行事……

這世間什麼樣的人都有，性格不同的人可能因爲互補，相處起來分外合拍，但也可能觀念不合而鬧得雞飛狗跳。

因此，能夠遇上一個和自己在各方面都配合的朋友，即使做不成知己，也會讓人打從心裡覺得慶幸。

可是，一旦原本合拍的兩個人產生了競爭意識，那麼，「一定要贏過對方」的心態，就會在不自覺間形成一股壓力，根基不夠深厚的情誼，說不定就會因此而變質。

有一對夫妻雖然約定好大事丈夫管，小事老婆管，但什麼是大事，什麼是小事，老婆說了才算數，實際上掌控大局的是老婆。

有一天，丈夫與友人聊天，聊著聊著，就聊到了大丈夫威嚴的話題。他的律師朋友，意有所指地暗示他是個「妻管嚴」，更強調要是他再這麼讓老婆「作威作福」下去，最後可就一點男人的氣概都沒了。

他本來樂得什麼事都交給老婆管，但是，被朋友這麼一激，心裡很不是滋味，打算讓自己重振雄風。

於是，他在回家的路上，繞道去了趟理髮院。一回到家，他的妻子果然徹底被嚇了一跳，忍不住大叫：「喂！你瘋了嗎？你沒事幹嘛剃光頭！」

沒錯，他故意把所有頭髮理光，還擺出一副型男的模樣：「噢，親愛的，何必這麼大驚小怪呢？這可是『夏季款』呢！」

老婆聽了可不管，尖聲尖氣地回一句：「我管你冬天款、夏天款，反正你這副怪模樣，別想我跟你一起上街。」

但他可不依，立刻催促老婆：「少囉嗦，妳快去換衣服，等一下我們一起去看電影。」

老婆被他突如其來的強勢嚇到了，結婚以來，他從來不曾用這種態度對她說話，有點莫名其妙地問：「你是怎麼回事，怎麼這麼說話？」

他乾脆豁出去了，粗聲粗氣地說：「少廢話，別管我怎麼說話，也別管有沒有頭髮，反正妳今天一定要跟我去看電影就對了。」

他的妻子怯怯地問：「你到底怎麼了？理髮師傅把你的涵養連著頭髮一起理掉了嗎？」

他聽到她又提頭髮的事，心裡更火，打從結婚之後，他從頭到腳樣樣她都要管，穿什麼衣服配什麼鞋子，都得聽她的，現在他打算自己做主。於是，他對妻子大叫：「對，從現在起我的頭歸我做主，用不著妳管。我就愛光著頭，想去哪裡就去哪裡。妳要是還當妳是我的老婆的話，就別廢話，跟著我走就對了。」

就這樣，他拉著老婆出門看電影，一路上不管是搭車還是買票，都可以明顯地感覺妻子的不自在，但他卻故意摟肩搭背，一副親密模樣，目的就是要展露出自己的大男人風範。

後來，在電影院裡，電影看了一半，老婆藉口去洗手間，而後便沒再回到座位上。他火大地回到家，發現妻子躲在棉被裡哭泣，一時間也有點後悔自己太過亂來。正想低頭道歉，結果一掀開棉被，他驚訝得說不出話來。

不知何時也把頭髮理光的老婆，掛著一臉淚痕對他說：「我不管，你明天一定要陪我去看電影。」

看來這場夫妻之爭，做丈夫的輸得很徹底，他的老婆不愧是最親密的枕邊人，十分清楚知道要怎麼對付他。

可是，夫妻之間並不是交戰的兩國，整日爭來鬥去又有什麼意義呢？

在愛情裡面計較誰愛誰多、誰愛誰少，是件無聊的事，追究誰該聽誰的才行，豈非更加無聊？兩個人能夠在一起，一路隨行就是一種緣份了，哪個人走在前頭又有什麼好計較的呢？兩個人能夠牽著手一起走過人生路，才是眞正的幸福。

每個人都有自己的行爲模式，在愛情裡的空間，能夠相互體諒、相互配合，才是莫大的福氣；要是鎭日追究誰比較偉大、誰該支配誰，這樣的愛情又如何能幸福？畢竟，誰爭贏了又如何呢？

改變態度，才會過得幸福！除非你愛競爭的感覺愛上了癮，否則，別把競爭帶進愛情裡，日子過起來才會輕鬆許多。

記得把善意傳遞出去

假使，從我們受到幫助的那刻就啟動了一個善的循環，那麼，我們要做的回報，就是使這個善的循環一直延續下去。

施恩不望回報是難能可貴的情操。

儘管大家都感慨社會現實殘酷，但遇到急難事件，願意暗中伸手援助的人，其實不在少數。

最常見的是，只要電視上又報導了哪些可憐、需要援助的對象，就有不少人慷慨解囊，願意匯款到特定的救助帳戶，而且通常是不具名的。這顯示了，這個社會還是充滿溫情的，也顯示大多數人期望自己能夠生活在善良的社會，願意將

溫暖送給別人。

生活之中有許多的例子告訴我們，「善」其實是一種良性的循環。如果整個大環境都是善良的，那麼置身其中的每一份子，或多或少都能從流轉的善意中受益。

一個寒冷的傍晚，失業一陣子卻苦苦找不到工作的喬，無奈地開車回家，發現山路邊有一輛車拋錨了，一位老太太正站在賓士車旁不知所措。

本來喬並不想多事，只想快點回家，因爲天色快暗下來，說不定等會兒就會開始下雪。可是，在他開車經過老太太身邊的時候，還是忍不住多看了幾眼，隨即踩下了煞車。

他實在沒有辦法在這種天候下丟著一個無助的老太太不管。他停下車，走向老太太，看得出她並不是非常信任他，臉上有著防備的神情。

他問：「妳需要幫忙嗎？快下雪了，妳最好進車子裡避避寒。」

老太太望著他遲疑了一下，才無助地對他說車子突然爆胎了，一時間不知道該怎麼辦才好。

喬仔細地察看了一下車況，發現車子裡有個備胎，便向老太太表示，他的車裡有工具，可以幫她換掉破了的輪胎。

喬拿出了千斤頂等工具，花了點時間總算把輪胎換好，儘管搞得全身髒兮兮，但內心充滿喜樂。

老太太非常感謝他的幫忙，一再問要付給他多少錢。喬並不覺得這點忙有什麼大不了的，於是對老太太說，當她有機會幫助別人的時候，別吝於伸出援手，就是最好的報答。

而後，喬在老太太發動引擎之後，也趕緊上路準備回家。

老太太開了一段路，看到一家咖啡館，便下車休息，前來接待她的服務生，是一名大腹便便的女士，看起來已經快要臨盆，卻依然辛苦地工作。用完餐，老太太拿了一張一百元美金的鈔票交給那名女服務生，對她說剩下的當作小費，請她買些營養品補補身子，不要太辛苦。

老太太還交給她一張寫在餐巾紙上的「紙條」，上頭寫著：「請收下這份善意的禮物，我剛剛受人幫助，希望自己也能幫助別人，如果妳想要回報，請再找機會幫助別人，別讓這個愛的循環斷掉。」

女服務生收到如此鉅額的小費，本能地想要推辭，但最後還是收下了。因爲她很需要這筆錢，她的丈夫已經失業一陣子，而孩子又快出世了。

她的內心充滿感激，工作結束後回到家，躺在丈夫身邊的時候，輕輕地擁住丈夫，對他說：「一切都會好轉的，我愛你，喬。」

或許，你並不相信眞實世界也會如此美好，但是，不可否認的，這樣溫馨的小故事經常發生在我們周遭。我們都可能會在某個窘迫危急的時候，受到不知名人士的幫助，內心充滿感激，卻不知從何回報起。

假使，從我們受到幫助的那刻就啓動了一個善的循環，那麼，我們要做的回報，就是使這個善的循環一直延續下去。

我們當然不需要僞善地沽名釣譽，但是，當我們能夠伸手扶人一把的時候，也不要吝嗇地緊握雙手。

假使你習慣付出善意，那麼，當別人幫助你時，你自然能坦然以對，只要有機會再把善意傳遞出去，心中就不會有太大的壓力。

不必強迫自己一定要當個好人，也無須逼迫自己去當個冷漠的人，依照內心的感覺，做你該做的事，這個世界就會變得更加美好。

與其猶豫不決，不如順從你的感覺

何必猶豫不決？順從你的直覺，適時把你的誠心誠意表現出來，通常你就會因此做對事情，而且得到最好的效果。

風靡華文世界的暢銷書作家南派三叔，在《盜墓筆記：秦嶺神樹》中曾經提及「最純粹的念頭」這個概念，並且有深刻的論述。

所謂「最純粹的念頭」，就是未經價值判斷，未經邏輯推演，靈光乍現般浮現腦海的想法，通俗的說法就是「直覺」。

人的直覺，經常會有一定的準確度，順從自己的心意和直覺，有時說不定反而比一再前後思量斟酌來得更正確。

艾克斯走過一家精品店的時候，突然發現一個紅色的玻璃水果盤，覺得妻子克拉一定會很喜歡，因爲她一直很喜歡這些製作精製的東西。

突然間他有種衝動，想要把那個水果盤買下來，於是走進店裡。店員自然很樂意爲他服務，把水果盤送到他面前時，還貼心地問：「您要不要看一下成對的小碟子呢？」

艾克斯想了一想，口袋裡並沒有足夠的錢，而且沒事突然買禮物給克拉，她八成也會覺得奇怪，於是對店員說：「不，算了，我改天再來買。」

艾克斯並沒有把自己的發現對克拉說，只是一直惦著那個水果盤，心想克拉收到禮物一定會很高興。

第二天早上，艾克斯發現克拉好像心事重重，但是又猜不透她到底是爲了什麼事煩惱，一整天，艾克斯都爲克拉的不開心感到在意。於是，他回家的時候，狠了心把那個水果盤買了下來。

回到家，他發現妻子有點不一樣，好像刻意打扮了一番。他看得有點發楞，讚美說：「妳今天好漂亮！」然後不自覺地把手裡的東西交給妻子。

克拉收到禮物，整個人笑了開來，彷彿所有的神采、光芒都匯聚到她身上。當她發現包裝精美的禮盒裡是個精緻的水果盤時，更是開心地撲上來抱住艾克斯，笑著說：「噢！我還以爲你忘記了，虧你演得這麼好，早上故意不動聲色，害我好難過！」

艾克斯被妻子的話搞得一楞一楞的，到底今天是什麼日子，自己怎麼想不起來？克拉很快就給了他答案：「噢，親愛的，你知道嗎？這眞是我見過最漂亮的水果盤了，我想任何一位妻子收到這樣的結婚週年禮物，都會和我一樣開心！」

艾克斯可說是誤打誤撞地送對了禮。一般來說，男人大部分都不太記得女人在意的重要節日，女人也通常假裝不在意，一旦男人能夠記得住、有所表示，就會像克拉一樣感到開心異常。

然而，讓她們開心的，並不一定是禮物的內容有多貴重，而是對方那麼重視自己的心意。

或許，艾克斯並不記得對妻子而言很重要的結婚週年紀念日，但是他一直在乎妻子的喜好和情緒，所以憑著直覺行動，無疑也展現出他對妻子的在意和重視。

所謂「禮輕情意重」，令人感動的，不是禮物的內容與價值，而是那一份送禮的心意和誠意。

何必猶豫不決？順從你的直覺，適時把你的誠心誠意表現出來，通常你就會因此做對事情，而且得到最好的效果。

知道自己在做什麼最重要

只要明確知道自己在做什麼，那麼無論最終得到的是褒或貶，我們都無須太過在意。

你還在等待別人點頭肯定嗎？你還在等候人們發出支持之聲嗎？但是當你眞正等到這些回應時，它們能爲你帶來多少自信？即使眞的增強了你當下的信心，又能持續多久呢？

關於苦候不到的肯定，等待不到的支持，人們的質疑或否定，我們其實不必太過在意，因爲自己的價值就在自己的心中，只要能坦然地面對生活中的一切，只要知道自己在做什麼，那便足夠了！

在牛津與劍橋這兩所著名的大學中，皆有一個以「伊沙克．沃夫森」爲名的學院，這是一位猶太人的名字。

被譽爲當代最慷慨的慈善家伊沙克．沃夫森，是一位蘇格蘭籍的猶太人，也是英國最大的百貨公司——大宇宙百貨公司的總裁，此外，他還擁有約三千多家零售商店，經營觸角更是涉及銀行、保險、房地產業……等等，甚至連水陸交通運輸業，他也都積極參與投資。

一九五五年，沃夫森決定用自己的名字，設立一個慈善基金會，雖然他沒有設定援助的對象，但是成立後近二十多年的時間，主要資助的對象都是一些教育機構，總資助額約有四千五百萬美元。

正因爲他的慷慨捐助，許多大學院校都特別頒發給他榮譽學位證書。

但是，不斷領取這些證書的沃夫森，卻常被人質問他的捐錢企圖。

有人質問他的朋友：「沃夫森這傢伙，既是皇家外科醫師會的會員，又是皇

家內科醫師學會的會員，既擁有牛津大學的教會法規博士的頭銜，同時又有劍橋大學的法學博士學位，他的學歷證明還眞是多啊！但是，他拿那麼多的大學博士學位有什麼用，他做了哪些事得到這些資格呢？」

友人笑笑地說：「他是個很會寫東西的人。」

質問者一聽，吃驚地問：「寫東西？他寫了些什麼作品啊？」

友人點了點頭，接著用十分堅定的語氣說：「支票！」

只要明確知道自己在做什麼，那麼無論最終得到的是褒或貶，我們都無須太過在意，就像故事中被質疑的沃夫森一般，對於人們的嘲弄一笑置之。

「何必在意別人怎麼看，你只需知道自己在做什麼就好！」這是沃夫森在故事所欲傳達的旨意，在坐擁名利的同時，他知道自己問心無愧。

落實這樣的態度於生活之中，每當受盡人們嘲笑或反對的時候，我們首先要做的，不是停止行動，而是仔細問一問自己：「你是否知道自己在做什麼？又是

否能坦然面對眼前的質疑與困擾？」

只要答案是肯定的，那麼我們當然要更加積極地前進，因爲那是我們肯定自己的重要來源，也是支持我們尋找眞正自我價値的依據。

至於，要到什麼時候才能得到社會的認可，我們何須著急？應當像沃夫森一樣瀟灑地面對，明白自我認同的重要。

因爲，在這之後，我們自然就能展現出個人的非凡價値，而人們的肯定目光也自然會被吸引過來。

不放棄，就一定有機會

自信是每個人最好的依靠，勇氣是我們最佳的伙伴，如果你的夢想沒有破滅，不妨多給自己一點信心。

看見山路崎嶇，你習慣退回原地重新開始，還是停在路口不住埋怨：「爲什麼這條路那麼崎嶇？爲什麼老天爺不給我一條平坦的路？」

其實，對堅決不放棄的人來說，無論退回原點重新開始，還是繼續前進，他們都知道，自己終有一天定能到達山峰。

反之，那些只知道抱怨的人，即使有人指引他們一條平坦的山路，他們最終還是會嫌坡度太陡。

有個美術系剛畢業的女生，對於布料圖樣的設計非常感興趣，在畢業前夕，便選定了未來要走的路了。

但是，想進入這個行業並不容易，對於這個剛出社會的女孩來說自然困難重重，由於大部份的服裝設計師與配合的上下游廠商大致是固定的，他們對於這個完全陌生，初出茅廬的設計者根本就沒什麼興趣與信心。

這天，女孩又拿了一堆精心設計的作品到一間著名的設計師公司，助理連看都沒看就想打發她走，在她苦苦哀求，助理只好軟下心腸答應：「好吧！我拿去給計師看一下。」

不久，助理終於走出來了，只是答案和過去被拒絕的情形一樣：「對不起，設計師說我們的設計圖太多了，實在沒時間看，而且我們早就有固定的合作伙伴了，所以您請回吧！」

四處碰壁的女孩心情非常沮喪，但是，她還是堅地對自己說：「不行，妳一

定要堅持下去！或許這些推銷方法不對，得再想想其他的辦法，相信只要找對了方法，就一定能打破僵局。」

有一天，女孩走在路上正巧遇到了一位名歌星的簽名會，看著宣傳照上的美麗服飾，女孩突然靈機一動，跟著歌迷們擠到了前方。

人龍一個接著一個，女孩終於等到機會了。

「妳好，我好喜歡妳喔！我眞想爲妳設計一些漂亮的服裝，請妳幫我在這幾塊布上簽名，這是我剛剛設計出來的圖樣喔！」

女孩抓緊機會宣傳自己的作品。

沒想到這位歌手對她的作品十分感興趣，親切地對女孩說：「眞漂亮，這些全都是妳設計的嗎？能不能請妳和我的設計師聯絡，我想用妳這些布料做衣服，可以嗎？」

接著，歌手從口袋裡挑出一張名片：「這是她的電話，妳直接告訴她，是我要妳過去的。」

只見女孩瞪大了眼，她抖著聲音說：「這是眞的吧！不是，我是說，好，我明天就過去。」

第二天早上，女孩再度出現在曾拒絕她的設計師面前，並拿出歌手簽了名的布料說：「您好，是她叫我來找妳的，她說希望能用這些布料做衣服。」

希望其實一直在每個人的心中，只要我們不輕易放棄自己的夢想，美夢成眞的機會就不會棄我們而去。

故事中的女孩，雖然一再地被否定與拒絕，但是帶著夢想前進，她始終堅持相信：「我的夢想一定能成眞。」

走進現實生活中，相信有許多人正和女孩一樣不斷地遇到挫折。也許你曾寄了上百封個人資料，希望能得到一個工作機會，也曾經接到上百封「很抱歉」的回覆，面對著一張又張的被拒回函，你都怎麼告訴自己？

是嘆了幾聲，然後說：「根本沒有人想用我！」

還是像女孩一般對自己說：「沒關係，一定還有其他的機會。」

一開始我們就是在跌跌撞撞中展開自己的人生，應該很習慣了「跌倒」的感覺，當然也更習慣了「再站起來」的經驗，是吧！

其實，生活之中並不需要有太多的運氣，因爲自信是每個人最好的依靠，勇氣是我們最佳的伙伴。

如果你的夢想沒有破滅，不妨多給自己一點信心，只要你能再積極一點，充分地展現你成功的企圖心，夢想一定能實現。

珍惜緣份帶來的幸福

一對男女能夠在一起並且愛上對方，是需要緣份加持的；如果沒有緣份，即使一再擦身而過，也不可能撞擊出火花。

在自由戀愛風氣盛行的現代，婚姻的目的不再以傳宗接代爲前提，而是夫妻二人因爲相愛而決定生活在一起。

一對男女相互喜愛，決定進一步深入交往，通常是現代婚姻的主要基礎。兩個人能夠在許多方面相互適合，相處起來自然融洽，如果連雙方的家庭都可以密切結合，那麼，這樣的婚姻路走起來一定更爲順暢。

然而，親友的介紹、父母的撮合，眞的一點好處也沒有嗎？

其實不然，有時候，一個人對自己的瞭解，還不如養育自己多年的父母。只不過，有些人非常排斥經由他人媒介，希望自己戀愛、結婚的對象，是經過自己評估和判斷的。

貝麗總是高呼戀愛自由，更強調「愛人一定要靠自己找」。

因此，當擔任飛行員的父母想為她介紹一個年輕飛行員時，她二話不說就拒絕了，儘管她的父母一再稱讚這個男孩年輕有為，和她一樣在俄亥俄大學攻讀學位。總之，貝麗下定了決心，一定要靠自己尋尋覓覓，找到屬於自己的真命天子。

貝麗大學畢業後，在一家攝影工作室工作，有一天受命負責一項空拍的工作。當天一大早她就來到機場，準備搭乘小型飛機升空進行空拍。

當她走到停機坪，小型飛機已經完成熱機的準備工作，飛行員正在駕駛座上等著她上機。貝麗坐上飛機後座，只能從駕駛座座椅之間的空隙望見飛行員的背影和側臉。

貝麗後來回憶起當時心裡的想法：「當我第一眼看到他飄揚起來的黑髮，心裡就充滿情不自禁的異樣感覺。」

她強迫自己不要心猿意馬，專注在拍攝的工作上。然而，當天的氣候並不理想，不時候有烏雲出現阻撓拍攝視線。就在她的拍攝工作進行一個段落後，小型飛機突然向上攀升，一陣震盪之後來到了雲層上方。

隨即從駕駛艙傳來駕駛員的聲音：「抱歉，前面有一波亂流，我們先在雲層上方飛一陣，待會再下去。」

貝麗聽了笑著回應說：「沒關係，剛才我已經拍了幾張不錯的照片。」

接著，兩人便聊開了，簡單介紹彼此，貝麗得知駕駛員叫布朗。

貝麗這才發現，原來這個背影讓她心動的人，說起話來也很風趣。聽見布朗爽朗的笑聲，她突然好想知道他的模樣，也好想爲他拍照，以這片藍天爲背景好好地拍幾張照片。

飛行工作結束，貝麗也完成了拍攝的工作。

下機時，布朗以有力的手掌協助貝麗下機，在兩人相視對望的一刻，彼此都

知道自己已經找到盼望已久的心上人了。

貝麗心想自己的父母一定會喜歡布朗，於是邀請布朗和她一起回家用餐。當他們一起出現在貝麗的父母面前時，他們忍不住驚訝地喊：「布朗，怎麼會是你，你怎麼會和貝麗在一起？」

貝麗這才知道，原來四年前她的父母想幫她介紹的對象就是布朗。

這一切只能說是姻緣天注定，經過一番轉折，有緣的人終究會在茫茫人海中相遇相戀。

緣份其實很奧妙，彷彿冥冥之中有一雙無形的手在撮合這一切。相遇的形式並不重要，重要的是眼前這個人是不是自己尋尋覓覓的對象。貝麗的父母真心想要女兒找到一個理想的歸宿，而布朗正好就是適合貝麗的人選，即使沒有父母從中介入，他們遇見了，自然也會彼此愛上對方。

只不過，如果貝麗不那麼排斥父母的建議，她和布朗的戀情說不定就能夠在

更早之前開始，而不需浪費那麼多尋覓的時光。

人與人之間，最重要的就是緣份，一對男女能夠在一起並且愛上對方，是需要緣份加持的；如果沒有緣份，即使一再擦身而過，也不可能撞擊出火花。有緣份才能碰在一起，有緣份才有機會發現對方的好，有緣份才能夠一起牽手走得長長久久。

把握當下，是修正錯誤的最佳方法

生活上的缺口往往都只是個小缺口，但是無法冷靜處理問題的人，經常在錯誤的解決方法下，將小缺口拉扯得越來越大。

當我們遭遇困境的時候，往往會怨天尤人，哀憐自己爲何遭遇這種厄運，接著對未來抱著悲觀和沮喪。但是，悲觀沮喪並不能解決問題，把握當下才是面對困境的最佳方法。假如我們試著改變面對的態度，那麼我們就可以看見另一番不同的景象。

生活中的損失不一定就是完全失去，只要我們能從錯誤中立即找出停損點，積極地爲生活找到另一條出口，便能讓生活中的缺口及時獲得填補。

喬治是哥本哈根大學的學生，今年他計劃好獨自一人在美國旅行，行程的第一站是到華盛頓的威勒飯店。由於住宿費已經由代辦的旅行社支付，所以他只需要確認入宿的房間號碼與退房時間即可。

喬治在就寢前前，再次確認放在上衣口袋上飛往芝加哥的機票，以及擺放在褲袋裡的護照和錢包。

然而，就在這個時候，喬治忽然驚呼：「我的護照和錢包不見了！」著急的喬治連忙下樓，向旅館的經理報備，經理聽見喬治的陳述後，便安撫他說：「放心，我們會盡力尋找。」

喬治聽見經理的保證，便放心地回房睡覺了。

第二天早上，喬治連忙向經理詢問失物的下落，只見經理滿臉抱歉地回答說：「不好意思，我們還未找到。」

身在異鄉的喬治，此刻有些手足無措，於是打電話向住在芝加哥的友人求救，

但是他還無法決定，到底他該要大使館報備遺失護照，還是就靜靜地坐在警察局裡等待消息？

轉念間，喬治忽然想到：「不行，我大老遠來到華盛頓，時間相當寶貴，怎麼能呆在這裡呢？今晚我便要到芝加哥去了，今天一天的時間我絕對不可以浪費，錢和護照的問題就留給警察們去幫忙，我現在應該要暢遊華盛頓才是，不然將來恐怕沒什麼機會了。」

於是，喬治向警察報告一下自己的計劃，很快地，他便開始進行徒步之旅。就這樣，喬治用他的雙腳，走遍了白宮和華盛頓紀念碑，也走過了這個城市裡的許多角落。回到丹麥之後，每當朋友們問起他的美國行時，他總是回答：「這趟美國行最令人難忘的一段，正是我徒步行走華盛頓的那一天！總之，把握當下才是最重要的！」

回到丹麥第五天後，華盛頓警局終於將找到的錢包和護照寄還給他。

看完了故事，我們可以試著想像一下，如果換作是自己，最終可能會是什麼樣的結果？相信有人一定會手足無措的，慌亂得忘了下一步該怎麼走。或是呆坐在警局中，平白地浪費了待在當地的每一分每一秒，甚至有人會更改行程，早早返鄉，草草地結束了這一趟旅程。

你是否也像上述的情況呢？還是能像喬治一般，冷靜地重新規劃這趟突發狀況的旅程？

故事中，我們很清楚地看見了喬治積極的生活態度：「把握當下！」

其實，生活上的缺口往往都只是個小缺口，但是無法冷靜處理問題的人，經常在錯誤的解決方法下，將小缺口拉扯得越來越大。因爲他們滿腦子只有「已發生的事」，而沒有「把握當下」的解決認知，所以，有人發生像喬治一樣的狀況時，總是徒留「最悲慘的記憶」，而不是「最難得的回憶」。

生活中，我們要面對許多突發狀況，不妨試著以「當下」爲解決問題的關鍵字，那麼無論事情進展如何，我們不僅能依當下的情況修正步伐，也能像喬治一般，充分地表現出臨場的機智與解決問題的能力。

Part 3

好運氣，來自積極的念力

好運氣是積極念力造就的成果。
無論眼前的際遇如何，
只要心裡懷抱著希望，
就能夠讓我們吸引更多運氣。

心境調整好才能充分發揮潛能

重新調整自己的心態與腳步，先自我肯定，然後我們才能得到別人的認同。重新建立自信，才充分發揮你的潛能。

你的生活音律變調了嗎？你的人生音色總是低沉缺乏活力嗎？

那麼，快重調你的音弦，不要讓走調的音聲繼續折損你的內在潛能，繼續破壞你的人生樂章。

阿格西勞斯大帝曾經寫道：「環境固然不能使人變得高雅，然而，人卻能為置身的環境增光添彩。」

只要你願意調整自己的心境，就能展現不一樣的人生。

今天有個拍賣商要主持一場二手物品的拍賣會，只見他拿起一把看起來非常破舊的小提琴，接著還彈撥了幾下琴弦。

沒想到，琴音竟然全部走調，這讓原本就不被看好的琴身，如今在走調絃音的導引下，更是失去了販售的價值。

拍賣商拿起了這把又舊又髒的小提琴，接著便皺起了眉頭，毫無精神地開始叫賣起來：「這把小提琴只要十美元，有沒有人要啊？」

現場雖然人流穿梭，但是卻沒有一個人願意停下腳步。

於是，拍賣商人把價格降到了五塊美金，但始終沒有人願意給點反應。

最後，他繼續降價，且一路直降到到了五毛。

他這會兒大聲地呼喊道：「這把琴只要五毛，我知道它值不了多少錢，但是你現在真的只需要花五毛就能把它拿走。」

就在這個時候，有位頭髮花白、留著長鬍子的老人家走了過來，問道：「能不能讓我看看這把琴啊？」

拍賣商點了點頭，立即將小提琴遞給了老人家。

老先生先是拿出了一條手絹，將琴身上的灰塵和髒污擦去，接著便慢慢地撥動著琴弦，然後又一絲不苟地將每一根弦調撥至正確的音聲，最後他把將這把破舊的小提琴擺放到下巴上，開始認真地演奏了起來。

沒想到這一演奏，竟將人群吸引了過來。不少人被這把琴展現出來的音色感動，忍不住驚呼：「這琴音真美，你聽這把小提琴多棒啊！」

拍賣商見狀，立即詢問現場人群：「有沒有人要買啊？」

這時，有人叫喊道：「有！一百元！」

另一個人則說：「我出二百元！」

最後，小提琴在老人家的彈撥聲中，慢慢地增值至一千元時成交！

從五分美元一躍到一千美元，這中間的價差是因爲老人家的完美演出，還是

這把小提琴眞有此價？其實，這兩項都是促使小提琴增值的重要原因，懂得小提琴問題所在的老先生，知道音準與音質是別人評價它的標準，所以輕輕調整音弦之後，不僅讓小提琴原有的音絃品質再次回復，更在自己的彈撥下，讓小提琴原有的美妙音質重現。

我們也從老先生調音的動作中，隱約間領悟了另一份隱喻：「原來，生活中我們要改變的不是外在環境，而是修正並提升你我的內在潛能。」

我們到底擁有多少潛能值得人們的提拔與肯定，其中決定價值的指標，並不在別人怎麼認爲，而是我們要如何表現自己。

如果我們也像拍賣商般，不懂得提升自家產品的內在品質，只知一味地降價求售，那麼，帶著否定自我的態度，我們恐怕很難得到別人肯定。如此一來，又怎能奢望別人給予我們表現的機會呢？

重新調整自己的心態與腳步，先自我肯定，然後我們才能得到別人的認同。重新建立自信，先肯定自己，然後我們才能在難得的機會中，充分發揮自己的潛能。

不試著摩擦，怎會有愛的火花？

勇敢地表達自己心中的意愛，至少給了自己一次不後悔的答案，不會白白看著愛慕的人從眼前溜走。

有的人想愛不敢說，濃濃愛意只敢藏在心頭不敢表現出來。幸運的話，對方可以感受到他的心意，靜靜地等待他勇敢表示；但是大部分的時候，等待不一定會有結果，放在心頭的愛要是無人收受，心愛的人投入別人的懷抱，屆時就後悔莫及了。

想要得到渴望的愛，就要勇敢追求，就算得不到愛情，至少也能得到答案；說不定，其實幸運女神就站在你的身旁，等著助你一臂之力。

荷蘭足球明星克魯伊夫的愛情故事，就很值得我們效法。

在足球場上叱吒風雲的克魯伊夫，很受女孩子歡迎，每天都收到一大袋情書。不過，情書這種東西很微妙，剛開始收到會臉紅心跳，收多了就沒什麼感覺了。克魯伊夫雖然每一封都會打開看看，但是真正讓他想要回應的，卻一封都沒有。

有一天，克魯伊夫收到的不是情書，而是一本日記。

讓克魯伊夫印象深刻的不是日記本身，而是特殊的內容。把愛慕當成日記來寫的球迷並不在少數，但這本日記很不一樣，從第一頁開始，每一頁上頭都只有一個名字，就是克魯伊夫，而且每一個名字都是克魯伊夫自己寫的。

一直翻到最後一頁，克魯伊夫看見一行又一行娟秀的筆跡，上頭寫著：

「親愛的克魯伊夫，我看過你踢的一百多場球，每一場球賽結束後，都想盡辦法要得到你的簽名，我很幸運都得到了。我將這本日記本送給你，我敢說我一定是你所有球迷當中最有心機的，但我的心機只希望能夠在你的心底留下一點印象。我必須對你說，我已經深深地愛上你了，多麼渴望你也能同樣回應我的愛。我知道這個渴望可能是個奢望，但無論如何都要向你表白我的心意，我雖然才十九歲，但已懂得什麼是愛的眞諦。

現在，你知道我的心意了，我懇求你的答案。如果，你沒有辦法接受我對你的愛意，那麼請你把這本日記還給我；不能夠擁有你的愛，至少我還擁有你給我的每一個簽名，這足以讓我這一生感到慰藉……」

字裡行間裡的情感流露，深深地打動了克魯伊夫的心。試問一個女孩緊緊地注視著他一百多場球賽上的身影，那會是多麼深刻的情意。

一個禮拜以後，二十一歲的克魯伊夫和十九歲的丹妮．卡斯特在一座公園裡的塑像旁相會，兩人也從此訂了情。

這個浪漫的愛情故事，說明了人與人之間情感連繫的魔力。儘管愛情不是單方面有意思就可以有結果，然而勇敢地表達自己心中的意愛，至少給了自己一次

不後悔的答案，不會白白看著愛慕的人從眼前溜走。

男女之間的愛情，往往從相識進化到相愛，真正一時天雷勾動地火式的愛情並不多見；反倒是兩個人有緣朝夕相處，更有可能慢慢磨出愛的火花。如果有緣相識，卻無緣共處，即使兩人互有好感，最後也很難修成正果。如果沒有機會藉由共處的機緣好好認識對方，又怎麼會知道對方是不是適合自己的人？

要是連相識的緣份都不敢去爭取，那豈不是更加沒有機會？

丹妮．卡斯特勇敢地說出自己想要的愛情，也因此得到心中的真愛，如果她不說，就永遠只是千萬個球迷中的一個。她以自己的方式表達出來了，而且讓克魯伊夫印象深刻，因此結成了一段良緣。

不試著摩擦，怎會有愛的火花？你心中有愛慕的對象嗎？或許你也該勇敢一點，試著去了解答案是什麼，說不定真愛就是你的。

好運氣，來自積極的念力

好運氣是積極念力造就的成果。無論眼前的際遇如何，只要心裡懷抱著希望，就能夠讓我們吸引更多運氣。

每個人心中都有過一些渴望的事物，那種日也想、夜也想，輾轉反側的難過，實在是一種折磨。當終於有機會順遂心願時，心中那種美夢成眞的快樂，其實更勝於得到那件事物。

思想家泰倫底馬斯曾說：「你可能做不到你想做到的一切，但是，你絕對可以做到你希望做到的一切。」

我們經常會爲自己做不到的事情找藉口，埋怨景氣太差，抱怨自己懷才不遇。

但是，這些都是負面的思緒，只會讓你的人生持續跌至谷底。你應該做的是：改變思緒，用積極的念力開創好運氣。

十歲的愛麗絲非常想要一輛腳踏車，但家裡根本就買不起，她很清楚知道這個現實，儘管心裡眞的非常想要，也不敢說出口。

有一天，愛麗絲經過街上的超級市場，立刻激動地飛奔回家。

她對媽媽說：「媽，是腳踏車，摸彩的頭獎是腳踏車！而且只要花二十分錢就可以得到一張抽獎的彩券。」

愛麗絲的父親聽了，發笑地說：「唉！妳別傻了，我們窮人家哪來那樣的好運氣！」

可是，愛麗絲仍然不想放棄，哭著求道：「買一張不中，那我們就買兩張，只要兩張就好了。一定會中的！」

最後，父親拗不過她的懇求，終於答應第二天帶她去超級市場。

他們得到了第一張彩券，愛麗絲並沒有中獎，但是她並沒有灰心，因爲頭獎還沒有被人抽走。後來，他們又換得了另一張彩券，愛麗絲緊緊地握住手裡面的彩券，緊張得都要全身冒汗了。

搖獎的輪子吱吱嘎嘎地轉著，終於，彩球掉了下來，是二十七號，正好是愛麗絲手中彩券的號碼。愛麗絲中了頭獎，得到了心心念念的腳踏車。

愛麗絲感到非常開心，因爲他們家第一次有這樣的好運道，十分感謝老天爺讓她能夠達成心願。

直到十數年後，父親過世，母親才對愛麗絲說出眞相。原來，抽獎的前一天，愛麗絲的父親向房東借了錢，又去向超級市場的人打商量，請他們務必讓愛麗絲中獎，他願意付錢買下腳踏車。

愛麗絲這時才明白，自己之所以中獎，並不是老天爺的功勞，而是他的父親每天額外辛勤地工作換來的。

對於愛麗絲的父親而言，與其直接給孩子腳踏車，不如讓孩子學會懷抱希望，體會美夢成真的快樂。那麼，未來即使孩子仍要面對生活中的種種苦難，也可以對人生懷抱著熱切的希望，不致尚未努力就逼自己放棄。

只要懷抱希望，事情就會有轉機。守得雲開見月明，人生中的種種困難，往往得有足夠的耐性去等待、期望，才能夠順利跨越。

好運氣，與其說是求來的，不如說是積極念力造就的成果。我們相信自己擁有好運，就能夠在事情發展的過程中，選擇觀看那些順遂的環節。相對的，如果一直覺得自己帶衰，就會不斷地注意那些不順利的情況。

現實生活總是福禍接踵而來的，有福有禍的人生，才能夠讓我們學會品味其中甘苦。

無論眼前的際遇如何，只要心裡懷抱著希望，就能夠讓我們吸引更多運氣，整個人的氣勢旺了，福氣也就跟著來了。

了解失去的感受，才懂得珍惜所有

一個不知珍惜所有，只知一味要求的人，只能夠從失望之中學習；因為，只有了解失去的感受，才會懂得珍惜手中所有。

誰都希望夢想能夠成真，期待自己擁有實現夢想的一天，當一個人擁有一個希望的目標在眼前，往往活得特別有動力。

只是，有時候，夢想不一定能夠成真，有時候希望也會落空；在那樣的時候，我們除了失望沮喪之外，還能夠做些什麼呢？

或許，我們事後可以回味一下，那些失望與沮喪的感受，究竟帶給我們什麼樣的啓示。

芬妲在耶誕節前夕對父母表示，她今年想要的耶誕禮物是一匹小馬，還一再強調，除了得到一匹小馬，其他的她一概不要。

父親問她：「如果是一雙高筒皮靴，妳也不要嗎？」那曾經是芬妲前一陣子的禮物名單第一名。

芬妲仍然固執地說：「不要，我就是要一匹小馬！」

媽媽問她：「小馬裝不進妳的襪子裡，怎麼辦？」

芬坦大聲地回答說那是耶誕老人應想辦法解決的問題，反正她今年無論如何都要一匹小馬。

就這樣，情況一直僵持到平安夜，那天晚上，芬妲和哥哥姐姐一起把襪子吊掛在壁爐上。第二天一大早，所有的人都飛快地衝下樓，來到壁爐前看看自己究竟得到了什麼樣精美的禮物。

所有的人都在自己的襪子裡得到自己想要的禮物，只有芬妲的襪子裡什麼都沒有，空空癟癟的，連一顆糖果都沒有。

相較於其他人的興高采烈，芬妲難過得想要放聲大哭，但是她不想在大家面前哭，不想被人看笑話。耶誕老人遺漏了她，那個不知道怎麼帶著小馬鑽進煙囪的笨耶誕老人。

芬妲來到屋後的馬棚裡，一個人沮喪地坐在護欄上掉淚，心想也許自己眞的太過分了，耶誕老人沒必要照顧這樣固執的小孩。

爸爸也跟著到馬棚裡來，本來想說些安慰的話，但是芬妲根本不想聽。儘管她的態度非常糟糕，父親還是陪在她的身邊沒有離去。

突然，他們聽到一個聲音，「請問這裡有一位芬妲．史蒂芬嗎？」

芬妲跳下護欄，走過去拉開馬棚的門，接著看見一匹漂亮的小馬，渾身黑亮的毛皮，額前一點白星，看起來好可愛、好漂亮。

芬妲撲過去抱住小馬的脖子，回過頭就看見父親慈愛的笑容。她知道這匹小馬是她的了，父親走過來的時候，她立刻放開馬脖子，開心地抱住他。

那個送馬的人不住道歉因爲一直找不到門牌所以來晚了，但是芬妲一點也不

在意，因爲耶誕老人並沒有忘了她，還是爲她帶來了一匹小馬，她終於獲得了衷心渴望的耶誕禮物。

當然，從這一天開始，她也眞切地明白，原來，所有的禮物都是她的父母爲她們準備的。她沒有夢幻破滅的感覺，反而更加喜愛她的父母，也對他們充滿感激。

芬妲就像所有任性的小孩一樣，想要什麼就一定要得到，完全不理會別人是否感到爲難，是否有能力辦到。

可是，她的父母還是想辦法在能力範圍裡面，努力爲孩子圓夢。如此的父母愛，如果芬妲還是不懂得感恩，就未免太可惜了。因爲這樣的父母愛將變成溺愛，無法使得芬妲看清一切事實。

在這個世上，只有極少數人很幸運可以想要什麼就不費力氣得到，大部分的人，爲了想要得到夢想的一切，必須付出許多相對的代價。

想要過著優渥的生活，必須先認眞打拚；想要錦衣玉食，必須先想辦法積累財富……。如果凡事都不肯付出，只想等著禮物從天上落下來，那麼，品味失望苦楚的可能性就很大了。

一個不知珍惜所有，只知一味要求的人，只能夠從失望之中學習；因爲，只有了解失去的感受，才會懂得珍惜手中所有。

會動腦筋的人一定會成功

機會要靠自己去爭取，別再亦步亦趨地跟著別人走，偶爾跳開保守的規矩，動動你的聰明腦袋，機會便將直奔你的懷抱。

黎巴嫩詩人紀伯倫曾經寫道：「如果理想是人生大船的舵，那麼態度則是人生大船的帆。」

一個人的態度左右著自己的人生高度，不論你正要做什麼事，如果想領先別人幾步，就要留意自己的態度。

別以爲機會可以一等再等，如果你不能主動爭取，即使別人錯過了它，也不代表你就一定會擁有它。

機會只會與主動爭取它的人配成對，對於那些只敢遠遠觀望它的人，機會只能無奈地嘆氣，因爲它知道，一個沒有勇氣爭取機會的人，即使把機會給了他，他們恐怕也不懂得如何把握。

暑假那麼漫長，十六歲的佛瑞迪想：「每天都待在家裡一定很悶。」

於是，他鼓起勇氣對父親說：「爸爸，我不想整個夏天都向您要錢，我想出去打工。」

父親似乎不太了解他的目的，便說：「是嗎？那好，我會想辦法幫你找份工作，不過現在恐怕不太容易找得到。」

佛瑞迪一聽，連忙解釋：「爸爸，我不是要您幫我找工作，我會自己去尋找，還有，請您對我有信心一點，就算現在職場徵人的情況不佳，我也一定會找到工作，因爲，不管再怎麼不景氣，總有些人可以找到工作的。」

「哪些人？」父親懷疑地問著。

「那些會動腦筋的人啊！」佛瑞迪答道。

父親允許佛瑞迪出去打工後，他立即翻閱報紙，在求職欄上找了一個很適合他的工作。七點四十五分，佛瑞迪便已經出現在應徵公司的門口了，雖然八點才開始面試，但是以為已經早到的他，卻看見門口早就排了將近二十個男孩在等候。

「居然有這麼多競爭者，等一下我要怎麼表現自己呢？」佛瑞迪在心中仔細地思考這個問題。

「在這個重要時刻，我得好好地動一動腦，我要怎麼做才能讓面試官注意我呢？」佛瑞迪的腦海繼續出現了第二個準備解決的問題。

忽然，佛瑞迪拍了一下自己的大腿：「是啊！我可以先這麼做。」

旁邊的人看見佛瑞迪突然打了自己一下，接著還拿出紙筆寫字，都以為佛瑞迪太過緊張，以致於行為失常了呢！

很快地，佛瑞迪完成他的便條，只見他將摺得整整齊齊的字條交給了秘書，然後十分恭敬地對她說：「小姐，能不能請您這張字條交給您的老闆呢？這個字條十分重要喔！」

女秘書看著這個滿臉自信的男孩，忍不住說：「是嗎？好啊！不過我得先看看你寫了些什麼。」

只見她打開了字條，接著忍不住笑了出聲：「好，你等等啊！」

女秘書果真答應了佛瑞迪的要求，將字條送進了老闆的辦公室，老闆看了字條也忍不住大笑一聲，還連聲說「好」。

最後，佛瑞迪果真得到了這份工作，而且頗受老闆的器重。

佛瑞迪的字條其實也沒什麼，紙上只不過簡單寫著：「您好，我排在隊伍中的第二十一位，在您還沒看到我之前，請不要有任何決定。」

當你讀到佛瑞迪的字條時，想必也忍不住會心一笑吧！

仔細地閱讀佛瑞迪的字條，相信你也看見了佛瑞迪的勇氣與機智了，然後我們也不得不承認：「會動腦筋的人一定會成功。」

對於一個充滿自信的人來說，沒有什麼事會難倒他，即使每個人都勸告他說

「這條路一定困難重重」，他還是會堅定地告訴對方：「別擔心，我一定會獲得最後的成功！」

勇氣和決心、智慧與自信，無論哪一個組合都是成功者必備的條件，從佛瑞迪的身上，我們不僅看見了他的聰明，更預見了他的成功未來，雖然只是一份打工機會，然而他卻充分地展現了大將之風。

路是靠自己走出來的，機會更要靠自己去爭取，別再亦步亦趨地跟著別人走，偶爾跳開保守的規矩，動動你的聰明腦袋，機會便將直奔你的懷抱。

希望，就在你的手掌上

自己得到的每一次誇獎、鼓勵、讚美，甚至只是陌生人的一聲「謝謝」，都可以成為我們希望的支點。

希望能豐富我們的生命，因爲有希望，我們才能不斷地面對挫折及挑戰，也才能夠一直累積成長的經驗，充實自我的價値。

如果你能每天給自己一個小小的希望，不但可以讓你的生活充滿無限的活力，也可以藉著實現自己的希望，得到更多意想不到的快樂。

有一個被逆境困擾的女孩，覺得周圍的朋友，全都比自己幸運，不論工作或是學業都一帆風順。身處在這些幸運的朋友之間，相形之下，自己好像只是陪襯的附屬品而已。

女孩的這個想法，使她越來越消沈，每天自怨自艾，彷彿這個世界上所有的人都對不起她一樣。

老師看到女孩的改變，於是把她叫到辦公室，聽完她的困擾之後，笑著對女孩說：「舉起妳的手掌，對準太陽。」

女孩聽了老師的話雖然疑惑，但還是乖乖地照著老師的話做。

接著，老師問女孩：「妳看到了什麼？」

在燦爛的陽光下，女孩發現自己的手掌被太陽照得通紅，分不清到底是陽光照的，還是自己原本掌心的顏色。

老師溫和的對女孩說：「這就是希望啊，妳其實是一直擁有幸福的，只不過自己沒有發現而已。」

老師的話，讓女孩開始回想自己的生活存在著許多美好的事物，只是因爲自己只顧著注意自己沒有的，反而忽略了原本擁有的。

亞歷山大大帝率領希臘聯軍渡過達達尼爾海峽，遠征波斯帝國前夕，將自己的財產全部分給了手下的戰士。當有人問他給自己留下了什麼時，亞歷山大大帝只說了兩個字：「希望。」

其實，普通也有普通的樂趣，何必去爲了那些看起來很偉大的目標而自尋煩惱呢？有沒有想過，自己得到的每一次誇獎、鼓勵、讚美，甚至只是陌生人的一聲「謝謝」，都可以成爲我們希望的支點。

即使不能從旁人身上汲取什麼，伸出手掌，我們就可以看見希望。

希望是可以很簡單的，就在你的手掌上。

太過剛硬，只會不近人情

太過剛硬、冷漠態度，只會不近人情，偏見不論是用在別人身上或自己身上，都是一件不公平的事。

有一種刻板印象稱之爲「男子氣概」，這種印象，塑造了男孩子生活的主要方向，但是相對的也束縛了他們，有些男孩就爲了掩蓋自己心中那塊柔軟的感覺，而讓自己的日子變得不快樂。

其實，每個人的內心世界都是柔軟的，也都需要更多情感交流。懂得改變自己的態度，放下內心那些偏頗、自以爲是的認知，人生才有開闊的出路，不繼續沉陷於不快樂之中。

在吉默的家中，每一個人都不太輕易表露自己的情感，難得擁抱，也很少相互親吻、握手。因爲，吉默的父親一向以「男子氣概」爲榮，同時也以相同的標準要求自己的兒子。

他認爲，擁抱和親吻這類的舉動，會讓人感到娘娘腔，所以，兩個人面對面的時候，一定要堅定、豪爽、無所畏懼地直視對方。

由於父親的「高壓統治」，吉默兄弟從小到大過得像軍隊裡的生活，只有紀律、紀律、紀律，沒有什麼人情味。

然而，吉默的心其實很柔軟，很羨慕同學們溫暖和善的家庭狀況。儘管隨著年歲增長，父親強硬的態度已有軟化的跡象，但是吉默就連「爸爸，我愛你」這幾個字都如鯁在喉，難以說出口。

直到四十六歲生日那天，吉默突然覺得有種想做些什麼的衝動，於是一路從自己的家散步了三十五英里遠，來到父母的家。

吉默腳步未停地走進父親的書房，對著七十多歲的老父親說：「父親，我有件事想對您說。」

坐在輪椅上，在書桌前工作的父親轉過身來望著他。

吉默說：「父親，我愛你。」而後就激動得說不出話來了。

他的父親拿下老花眼鏡，睁大了眼，仔細地看著他好一會，而後以沉穩如常的聲音說：「你來這裡，就只是要對我說這句話嗎？你眞的不用特地跑這麼遠，不過，我也要告訴你，我聽到這句話，感到非常高興。」

吉默發現父親的眼眶有著濕潤的淚光。他感到非常訝異，多年以來，他不曾看過父親落淚。因爲父親是堅強的，是不流眼淚的。

一時間，他管不住自己的行動，走過去一把抱住父親，父子兩人第一次如此接近，而後他們有了生平第一次最親密的談話。言談之中，吉默第一次了解父親的過往，也體會了外表嚴肅的父親心裡想些什麼。

這一段失而復得的父子情，因爲吉默的嘗試而有了不一樣的改變。

其實，人類的內心終究流著溫熱的血液，所有的冷漠表象，都是一再壓抑和冷卻的結果。

一個喜怒不形於色的人，確實相對不容易被人發覺弱點，但是，把所有人情溫暖都隔絕在外，最後那個人的心只會充滿寂寞。

將別人隔絕在心門之外，或許可以保有自己的安全小室，但也得不到任何形式的支援，不是嗎？自我封閉或許可以形成某種保護，但也意味著阻斷外援，就像一部無法上網的電腦。

男兒氣概是一種勇氣的表現，但男兒氣概卻不該是一個人的全部。太過剛硬、冷漠態度，只會不近人情，偏見不論是用在別人身上或自己身上，都是一件不公平的事。

態度嚴謹自然能呈現完美

所謂的追求完美只是一種態度，沒有人能確切地說出完美的標準，我們唯一能列出的完美標準，只有「好還要更好」。

散漫的人無法摘到甜美的果實，因爲以漫不經心的態度對待事物，他們總是挑到最爛的果實。

反之，嚴謹的人從不輕易地摘取果實，因爲他們嚴選辛苦栽種的成果，要手中摘下的每一顆果實都是最佳首選！

文壇上每個人都知道，托爾斯泰對於自己的創作要求十分嚴謹，文章準備刊登在報紙前，都會要求親自校對。

每當編輯們一聽說托爾斯泰要校稿時，無不個個繃緊神經，因爲稿子只要一回到他的手中，即使已經是最後校對工作，也可能要拖上好幾個月。

例如，《安娜小傳》的藍圖在回到托爾斯泰的手中後，紙張上便出現了許多符號，剛開始文句旁邊的文字增減尚能辨識，但是隨著大師的修改次數越來越多，到最後連原來的底稿文字都難以辨識了。

幸好，托爾斯泰的夫人看得懂他的文字與慣用符號，等他寫完一份稿子後，立即重新謄寫。

但是，別以爲謄寫完後就沒事了，第二天早上，托爾斯泰夫人又將再抄寫一次。因爲，工作嚴謹的托爾斯泰，已經在新謄好的稿紙上又添上了許多新的符號與塗改痕跡，辛苦的托爾斯泰夫人因爲丈夫一再的修改，必須重新謄寫一遍又一遍。

於是，改字修句的工作一再地重複著，也讓交稿的時間越拖越長，而編輯們

爲此也得一再地修正刊登日期，甚至有時候都已經交稿了，托爾斯泰還會忽然想起有幾個字要修改，而立即撥電話請報社編輯幫他更正。

這就是作家托爾斯泰的文字態度，也是他嚴謹的人生態度，這樣的創作堅持讓他有足夠的耐力與毅力，以七年的時間與改寫八遍的次數，完成世人十分喜愛的史詩巨著《戰爭與和平》。

據說，這本書的每一個章節都有七個版本，在托爾斯泰幾度修正後，最後才決定今天流傳的版本。

其他，像是《生活的道路》一書，他光是爲了寫出好的序言，便寫下了近一百篇的草稿；另一篇名爲《爲克萊塞爾樂章而作》的短文，最後選定要發表的內文僅有五頁，但散落在他桌面上的手稿卻超過了八百頁。

這是托爾斯泰的創作熱情與執著，在他的日記本中曾經寫了這麼一段話告誡自己：「你必須永遠丟棄『寫作可以不修改』的想法，因爲即使改了三遍、四遍都不夠！」

因爲修一遍不夠便要再修第二遍的嚴謹態度，讓世人對托爾斯泰的作品推崇備至；因爲對創作的使命與堅持，讓托爾斯泰的作品充滿了生命張力。無論時空環境怎麼變動，也無論讀者閱讀了多少次，他的作品總是能不斷地給讀者新的啓發。

這是托爾斯泰的創作堅持，也是我們必須學習的人生態度。

要怎樣才能呈現完美？托爾斯泰在文中點出：「沒有人能真正地達到完美，但是我們仍然要力求完美！」

其實，所謂的追求完美只是一種態度，沒有人能確切地說出完美的標準，因爲標準因人而異，我們唯一能列出的完美標準，只有「好還要更好」，一如托爾斯泰在日記本裡提醒自己的。

Part 4

不甘於平凡，就有可能不平凡

人生在世總有道不完的苦處，

只有不怕吃苦的人才有苦盡甘來的時候。

態度決定你的人生高度，

只要下定決心改變，機會就會出現。

快樂的心境會感染別人

快樂的心境會感染別人，帶給自己和他人快樂的事物，並不一定很昂貴，並不一定很難得，重要的是樂於分享的心情。

英國老政治家迪斯雷里曾經說過一句名言：「人類難以控制環境，然而，卻能掌控自己的心境。」

我們身處什麼樣的環境，也許不是由我們決定和掌握，但是，只要我們願意讓自己快樂，絕對可以藉由快樂的心境感染別人。

有時候，我們會因爲自己的匱乏而不開心，會因爲自己的失去而難過。可是，我們也會因爲一點小小的獲得而感到開懷，而且當心裡的快樂積聚到一定的程度，

會迫不及待地想與他人分享。

有個女孩結婚以後，就隨著丈夫一起搬到離家約八百英里地方。那麼遠的距離，回娘家的機會自然不多，和父母親相見變得極爲難得。

有一年的母親節，她打電話回家問候。能夠聽到母親的聲音，自然很令她開心，但是聽見母親絮絮叨叨地說院子裡的丁香開得多好時，她的眼淚忍不住落了下來。

一想起自己已經很久沒有聞過滿園丁香的芬芳香氣，想家的情緒頓時在心頭蔓延；悵然若失掛上電話，她的心裡仍然不能平復，想著想著就坐在廚房裡低聲地哭著。

她的丈夫聽見哭聲，不禁詢問她傷心難過的原因。聽完以後，丈夫突地站起，拿起車鑰匙，要她更衣換鞋，順便幫孩子準備準備，全家隨即出發，沿著羅德島北岸行駛。

這天天氣極好，道路兩旁綠林扶疏，開著開著，他們來到一處小丘。丈夫帶頭走在前面說：「跟我來！」剛爬上半山腰，妻子就嗅聞到一陣花香。大家忍不住跑了起來，一登上丘頂，迎面而來的是一片翠綠，其中點綴著淡紫色的花朵。

妻子興奮地把臉埋在花叢裡，盡情地陶醉在迷人的花香之中。他們摘了一朵又一朵丁香花，每個人都捧了滿懷，全身都沾染了丁香的芬芳。

他們載了滿車的花香回家，就在快到家的時候，路經一家療養院，院前的草坪上，有幾個坐著輪椅的老太太正在曬太陽。

妻子突然要丈夫停下車，然後跑進了那家療養院的草坪，把懷裡的丁香花分送給那幾位老太太。看見本來茫然地呆望前方的老太太們，因爲突然出現在膝頭的花朵而綻露微笑，妻子臉上的笑容變得更加燦爛。

她揮著手回到車裡，孩子們好奇地問：「媽媽，妳認識她們啊？不然，爲什麼要把花送給她們？」

妻子回答：「不，我不認識她們。在母親節這樣的日子裡，她們卻沒有人陪她們一起度過，表情看起來那麼寂寞。我有你們的愛，也有我媽媽給我的愛，我

想讓她們知道，我有好多的愛可以分享給她們。我也很想把花送給我的媽媽，但是她住的地方太遠了。」

隔天，丈夫回家的時候，又帶回了幾株丁香的花種，就種植在院子的四周。現在，每年一到五月，家裡的院子就洋溢著丁香花的香味；而每到了母親節，孩子們就會採集院子裡的丁香花，爲路過的每一位母親微笑祝賀。

這個女孩從被父母疼愛的女兒變成被丈夫疼愛的妻子，過程中有所失去，也有所獲得。她離家展開了新的生命旅程，也被迫離開原本緊密連結的成長環境；她樂意接受新的生活，但也感傷自己不得不勇敢割捨的過去。這種情緒，想必是不少女人心中的感受。

再怎麼想念，娘家也不可能天天回去，再怎麼想對父母撒嬌，有些責任還是要兼顧，女人終究得在自己的家庭裡安身立命。

這名女孩其實很幸運，擁有疼愛她的丈夫和自己疼愛的孩子，擁有一個極爲幸福的家庭。這趟找尋丁香花的旅程讓她發現自己擁有的幸福，幫助她找回心中的快樂。

最可貴的是，在她感覺自己快樂滿溢的時刻，不忘分享自己的快樂。療養院裡的老太太們，或許兒女沒有空，或許兒女像女孩一樣思念母親，恨不得飛奔前來待在她們身邊，但終究是不能。女孩把手裡的丁香分送出去，讓花香不只沾染他們一家的快樂，同時也把更多快樂發散出去。

快樂的心境會感染別人，帶給自己和他人快樂的事物，並不一定很昂貴，並不一定很難得，也許只是一朵小小的鮮花和幾句問候而已，重要的是樂於分享的心情。

不甘於平凡，就有可能不平凡

人生在世總有道不完的苦處，只有不怕吃苦的人才有苦盡甘來的時候。態度決定你的人生高度，只要下定決心改變，機會就會出現。

成功學大師戴爾．卡耐基曾說：「人在身處困境時，適應環境的能力，通常比在順境時更為驚人。」

只要是人，都具備忍受不幸、戰勝困境的能力，重點就在於感覺痛苦之時，能不能適時改變態度，將驚人潛力發揮出來，幫助自己走出困境。

我們可能很脆弱，但只要我們有決心，就一定能變得堅強；我們可能不富有，但只要有足夠的毅力，必定可以讓自己脫離貧窮。

亞藍．米穆出生在非常貧窮的家庭，從小就非常喜歡運動，只要是和運動相關的課程，都有相當優秀的表現。

但是，很可悲的是，所有和運動相關的活動，背後都需要金錢支撐，米穆即使很想在運動界展現抱負，但其實有很多運動都沒有辦法加入，因爲他連球具、球衣、球鞋都沒有。

家裡窮得都沒飯吃了，哪有可能讓他採買那些奢侈品？

踢足球的時候，米穆是光著腳踢的。他的母親好不容易省吃儉用幫他買了一雙帆布鞋，是讓他上學穿的，如果他穿著鞋踢球，勢必會快速磨損，到時不只沒鞋穿，還會被老爸揍得半死。

隨著米穆長大，日子並沒有轉好，反而變得更糟。小學畢業後，爲了生活，米穆到咖啡館當跑堂，賺取微薄的工資，但每天還是會花一點時間運動。他選擇跑步，因爲跑步是唯一不需要額外開銷的運動。

每天上班前，米穆都不停地跑步，後來參加法國田徑賽一萬公尺長跑，獲得了季軍獎盃。第二天，他又參加五千公尺比賽，更得到了第二名，也因此爭取到參加倫敦奧林匹克運動會的參賽資格。

從此，米穆一路跑向世界競賽殿堂，獲得倫敦奧運一萬公尺長跑亞軍、赫爾辛基奧運五千公尺亞軍，以及墨爾本奧運馬拉松競賽冠軍。

這段歷程裡，米穆走得並不順遂，由於膚色的關係，許多人並不認爲他是法國人，甚至有人在他獲得亞軍的時候，嗤笑地說：「那個第二名是誰啊？肯定是個北非人，你瞧，他們就是因爲大氣太熱了才會跑得那麼快。」但是，種種的冷嘲熱諷，米穆都放在心底，不讓自己被那些惡毒的言語擊垮。

米穆靠著自己的力量一路往前跑，終於跑出了聲名。能夠連續三屆代表法國出賽奧運，並且奪得獎牌，這在運動界是相當難得的殊榮。

後來，米穆獲得了法國國家體育學院的聘書，得以擔任體育教師，協助國家培訓更多有潛質的選手。他不再需要到咖啡店工作，不用再每天天未亮就起床練習長跑，但是回味起曾經歷經過的辛苦，他總是說：「我喜歡咖啡的滋味，喜歡那種香醇，也熱愛那種苦澀。」就好像他的人生歷程，歷經幾番苦澀的煎熬，終於得以品味苦盡甘來的香醇。

人生在世總有道不完的苦處，只有不怕吃苦的人才有苦盡甘來的時候。米穆的人生經歷給我們一個啓示，只要你不甘於平凡，你就有可能會不平凡；當別人看輕你、環境折磨你的時候，就是你自我砥礪的時刻。

人必須對自己負責，想要過什麼樣的人生，就靠自己的力量追求；想朝哪個方向發展，就引領自己的腳步前往。

只會站在原地等別人伸手拉一把，未免太過於消極，相對也會減低別人給你機會的意願。

態度決定你的人生高度，只要下定決心改變，機會就會出現。

想成功，就得爲自己設下努力方向，只要選定了目標，即使有人將你擊落谷底，你還是有機會攀上山頂。

成功的跳板就在我們身邊

只要我們的企圖心強，只要我們的膽識過人，只要我們的智慧充實，那麼，許多人事物都會是我們的成功跳板。

現實生活中，很多人都感慨自己欠缺機會。對這種說法，英國詩人約翰·戴維斯很不以爲然，他曾經這麼寫道：「錯誤堵塞心靈的窗戶時，我們還有什麼判斷力？還有什麼辨別力？」

機會眞的看不見嗎？還是你總是退縮，害怕前進呢？

其實，每個人都有許多機會。只是因爲個人的膽識與能力不同，而讓原本均等分配在你我手中的機會，在悟性不足或探尋不力的情況下，發生老是等不到機會的窘況。

在二次大戰期間，德軍佔領的芬蘭北方，出現了一個神秘的游擊組織，那是由英國飛行員約翰尼所領導的反抗組織，由於他好幾次突擊成功，他很快地便成爲當地的英雄人物。

直到芬蘭解放後，盟軍開始尋找這位神秘的英雄人物，然而根據官方的調查顯示，約翰尼在德軍退守前便因病去世了。

最讓人難以置信的是，英國皇家空軍最後還發現，在他們的飛行員名單中，居然沒有約翰尼這個名字存在。

但是，爲什麼這個名叫約翰尼的人事蹟卻如此普遍地流傳著呢？

後來，這個反納粹組織的游擊隊員也對外公開表示：「老實說，我們從未見過我們的領袖。」

「你們沒有見過約翰尼，那麼你們怎麼知道他的指令與計劃呢？」

「一切行動，全由一位名叫安妮的小女孩傳達。」

後來，盟軍找到了安妮，也終於弄清了事情的眞相。

原來，安妮和弟弟一直很想參加當地的游擊隊，但因爲年紀太小，沒有人願意答應他們。

直到有一天晚上，他們在家門口發現了一位受重傷的英國皇家飛行員，很高興自己終於有機會參與這項抗戰任務。

儘管這兩個孩子盡心盡力地照顧這位飛行員，但他實在受傷太嚴重，最後還是因傷勢過重而去世了。

姐弟倆第一次面對死亡，十分傷心，然而就在這個時候，小弟弟竟天眞地說：「如果飛行員不死，他就能領導我們展開反抗運動了。」

安妮聽見弟弟的話，忽然心生一個念頭：「嗯，雖然他已經死了，但是我們仍可運用他的名義，展開抗戰行動。」

於是，姐弟倆將飛行員的遺物和證件收好，並積極策劃一個游擊小組，接著便對外聲稱，這個是由英國皇家飛行員領導的組織：「爲了保護領導者的安全，將由我們姐弟倆執行訊息的傳遞。」

因爲有飛行員的證件，也因爲他們姐弟倆只是個傳聲員，所以人們很快地便相信他們的話；原本缺乏援助的游擊隊，一聽見有英國的皇家飛行員挺身當他們的領導，一下子便凝聚了人氣，也增加了大家的信心。

一時間，士氣大振，游擊隊多次出擊令德軍連連敗退，最後終於成功地讓德軍退出芬蘭。

後來，盟軍領袖問安妮說：「妳爲什麼不親自出面呢？」

安妮認眞地說：「不行啦！我們只是鄉村小孩，連加入戰鬥小兵都不被接受了，如果我們出面組織游擊隊，有誰會相信我，願意跟我走呢？」

盟軍笑著說：「於是，你們就借用了『虛擬英雄』的力量來號召啊！」

安妮點了點頭，接著又不好意思地問：「這不算欺騙吧？」

積極救國的安妮，竟能勇敢地借用英雄之名，不僅充分表現出她的膽識，更

突顯出靈活的思維與積極的行動，將創造出一股無與倫比的巨大力量，而這也正是在混沌局勢中，擁有智慧與勇氣的人得以突圍而出的主因。

從安妮的成功經過中，我們也發現了一件事，仔細看看我們身邊的人事物，只要我們的企圖心強，只要我們的膽識過人，只要我們的智慧充實，那麼，許多人事物都會是我們的成功跳板。

生活的決定權在我們手中，事情能否迎刃而解，關鍵不在問題的難易程度，而是在我們是否有決心解決，又是否對自己的解決能力充分相信。只要這兩項都是肯定的，無論我們遇上什麼困難，也都能像安妮一般，緊緊把握住每一個躍向成功的機會。

勇氣是成就未來的最佳利器

沒有試過，我們永遠也不知道，前面看似搖搖欲墜的吊橋，原來沒有想像中那麼危險，更是我們踏入成功的最佳捷徑。

一個有勇氣與責任感的人，不管什麼樣的工作交到他的手中，都一定能順利完成，即使遇上麻煩也必定能逢凶化吉，化險爲夷。

所以，如果你也是個充滿好奇心且勇於面對的人，現在不妨給自己多一點行動與探索的勇氣吧！

有一間行銷公司的總經理正向員工們叮嚀一件事：「你們到八樓時，別走進那間沒有掛上門牌的房間，知道嗎？」

「是！」雖然老闆並沒有解釋原因，但員工們還是全部乖乖地答應。

一個月後，八樓那個房間果真從未有人開門進去，在此同時，公司又新招聘了一批員工，而總經理也再次地向新進員工叮嚀一次。

只是，這回卻有個年輕人嘀咕著：「爲什麼呢？那裡該不會藏了什麼不可告人的秘密吧？」

當年輕人提出質疑時，總經理並未加以解釋，只是簡單地回答：「沒有什麼特別的理由。」

這樣的答案當然解決不了年輕人的好奇心，他回到位子後仍然困惑著：「既然沒有什麼特殊原因，爲什麼不能進去呢？」

坐在他身邊的資深員工便勸他：「做好你自己的事就對了，其他的事就別再多想，乖乖聽總經理的話準沒錯。」

「是嗎？」年輕人滿臉不以爲然地看著同事，這時他已經打定主意一定要去

「一探究竟」。

到了傍晚，年輕人趁著大家正忙於下班的緊張時刻，一派自然地走到了八樓，只見他隨手敲了敲「神秘之門」，卻見門被敲了開來，原來這個門只是虛掩，根本沒有上鎖。

「這個情況會有什麼秘密呢？」年輕人完全摸不著頭緒地思索著。

他走進門，卻見屋子裡什麼東西都沒有，只有一張紙牌掛在牆上，上面寫有幾個鮮紅的字跡：「請把這張紙牌交給總經理。」

沒想到，年輕人眞的拿下了紙牌，直接朝總經理室走去。

這時，同事們知道他「闖禍」了，紛紛勸阻他：「喂，你快把紙牌放回原位吧！我們會幫你保守密秘的。」

但是，年輕人卻搖了搖頭說：「不行，既然我敢違反規定走進去，就要爲自己的行爲負責，上面既然寫明了要交給總經理，那我就得送去給他，其他的就任憑處置。」

但令人意外的是，當大家以爲年輕人恐怕要被革職的時候，總經理居然走出

來宣佈：「從今天開始，約翰調升爲行銷經理。」

才剛剛踏入職場的約翰一聽，自己也吃驚地問：「因爲這個紙牌嗎？」

總經理點頭說：「是的，我已經等了這個紙牌快半年。總之，我相信你一定能勝任這項職務。」

既有勇氣又有責任感的約翰，果然不負總經理的賞識，半年內便讓銷售部門的成績創下最佳紀錄。

從約翰的身上我們看見的不只是好奇心，還有他敢於挖掘問題的勇氣，以及讓他成功接下重任的負責態度。

或許有人要質疑，故事的結果會不會恰好相反，約翰非但無法升遷，更有可能因此丟掉工作。

不過，只要我們換個角度想，便能否定這個假設。

因爲，一個能勇往直前的人即使丟掉了機會，很快地，他便能找到另一個機會，一個勇於承擔責任而不逃避的人即使違規，聰明的主管也會因爲他勇於面對的責任感，而再給對方一次機會的！

如果我們眞有才能，就不該只會唯唯諾諾，聽主管說一句自己才動一步，有爲者不僅要懂得舉一反三，更要比別人具有遠見與實踐勇氣，即使明知前方危機重重，也要大膽嘗試。

因爲，沒有試過，我們永遠也不知道，前面看似搖搖欲墜的吊橋，原來沒有想像中那麼危險，更是我們踏入成功的最佳捷徑。

垂頭喪氣，如何找出生機？

不要把時間浪費在抱怨的情緒中，那不僅會讓人更加迷失，還會讓人越來越失去信心，在關鍵時候放棄自己。

有位美國學者曾經這麼說：「人生的目的只有兩件事：第一件是得到你想要的，第二件是得到之後要好好地享受它。不過，通常只有最聰明的人才能做到第二點。」

人生的目標確實只有這兩項，只是多數人在尚未達到目標前，便不耐煩地發出牢騷與埋怨，以致目標難以達成；即使目標已經達成，卻因人心貪婪，讓生命真正的樂趣一直囚困於追逐的疲憊中。

愛波在一九三四年春天，因爲一個親眼目睹的景象，讓他的人生完全改變。那年，因爲一場金融風暴，他經營好幾年，好不容易終於有了一點成績的公司，頓時間化爲烏有。

當時負債累累的他，頹喪地走在街上，無精打采地想著：「我該怎麼辦？我要到哪裡找錢來還債啊？老天爺，你爲何要這樣捉弄我？」

當時，他正走出銀行，已經做了要回家鄉打工的準備，因爲在這個城市裡，他不知道自己還有什麼樣的機會。

愛波的步伐相當沉重，幾乎是用拖行的方式前進，受到嚴重打擊的他，已經完全失去了信念和鬥志。忽然，垂頭喪氣的他一個不小心撞上了迎面而來的一個人，愛波自然而然地說：「對不起！」

在此同時，眼前的這個人卻給了他一個開朗的回應：「早啊，先生，今天天氣很好，不是嗎？」

愛波一聽，這才抬起頭仔細看看他的「巧遇」。

也許是上帝聽見了他的呼喊，所以派了這樣一位天使來救他，因爲眼前是一個失去雙腿的男子，他坐在一塊裝有輪子的木板上，用著尚存的一雙手藉著輪子的滑動，奮力地沿街推進。

當他滿臉笑容地對著愛波時，愛波整個人完全被震懾住了，像是被定住了一般，在街角停格，心中不斷地湧現出一種刺激：「他沒有腿，卻能如此快樂、自信，我有腿，應該比他更快樂、自信，不是嗎？」

「我很富有的，不是嗎？我還有雙腿可以自由前進，我爲什麼就看不見陽光呢？我一定要重新振作，我一定可以看見自己的陽光，跌一次跤算得了什麼，勇氣始終都在我身上，不是嗎？」

原本準備回鄉的愛波，決定繼續留在這個競爭激烈的大城市。憑著重新找回的信心和毅力，很快地，愛波找到了工作，也重新展開他的新生活。

看著故事中失去雙腿的殘障人物，仍然願意帶著微笑，笑看他的人生，回頭審視四肢健全的自己，你是否也感受到「不願面對自己」的羞愧？

曾經有個在太平洋上漂流了二十一天的男子，獲得救援後對朋友說：「在這次經驗中，我所得到最大的教訓是，只要有淡水就喝，只要有食物就吃，絕不浪費時間埋怨任何東西。」

不要把時間浪費在抱怨的情緒中，那不僅會讓人更加迷失，還會讓人越來越失去信心，更甚者還會讓人在關鍵時候放棄自己。

其實，只要人還活著，機會就還在，即使迷失在海洋中，只要手中還有一滴淡水可以喝，還有一口乾麵包可以吃，那麼我們都應該要滿心感激、好好珍惜，不該頹喪、放棄。態度決定你的高度，生活的決定權始終都在我們的手中，即使跌得再深，我們仍然能找到一線生機。

連死神也怕咬緊牙關的人

能夠咬緊牙關走過艱難的人，在他們身上都有一股十分驚人的支持力量，那是擊敗厄運之神的重要武器。

傳說死神也怕咬緊牙關的人，那是不是代表命運就掌握在我們的手中，連奇蹟也掌握在我們手中嗎？

是的，只要你能微笑地面對生活中的低潮，能笑著走過生命中最艱困的日子，那麼讓人驚嘆的奇蹟便會發生在你身上。

羅伯特和瑪麗終於攀爬到了山頂，一同站在山峰上眺望。

羅伯特忍不住讚嘆：「親愛的，妳看山下的那座城市，在陽光的照耀下竟是如此美麗！」

瑪麗開心地仰起了頭，跟著也驚呼：「你看，那藍天上的白雲，你感覺到了嗎？這兒的風好柔軟啊！」

兩個人開心得像孩子般，手舞足蹈起來，但是就在他們開心得忘形時，悲劇竟在這個時候發生。

羅伯特一躍竟一腳踩空，高大的身軀頓時被甩了出去，旋即便朝著萬丈深淵滑了出去。

眼看丈夫就要墜入深淵，正蹲在地上拍攝風景的瑪麗，連思考的時間都沒有，便下意識地一口咬住丈夫的上衣，倉促之間，雙手正巧緊緊地抱住立在她身邊的一棵樹。

眼前的景象是，懸在空中的羅伯特，正由兩排潔白的牙齒拉住，危急的情景像幅畫般，定格在高空崖邊，令人震懾。

因爲承受了極重的力量，瑪麗脆弱的牙齒開始動搖，慢慢地滲出了鮮血。但是，世界眞的有奇蹟，因爲瑪麗最後不僅撐過了這個痛苦的難關，也救回了丈夫的性命。

有人問瑪麗：「妳怎麼能撐那麼長的時間啊？」

瑪麗張開缺了幾顆牙的嘴，說：「我也不知道，當時在我腦子裡只有一個念頭：『我絕不能鬆口，否則羅伯特肯定會死！』」

這個奇蹟般的事蹟很快傳遍了各地，有人下了評註說：「看來，死神很怕『咬緊牙關』的人！」

相當震懾人心的故事，想像著瑪麗懸在半空中並緊咬著丈夫的畫面，閱讀至此，一定有許多人的情緒都跟著繃緊起來。

在那個刹那間，我們都看見了生命的潛能，那是在非常時刻才被激發出來的無限潛能！

死神確實害怕咬緊牙關的人，因爲能夠咬緊牙關走過艱難的人，在他們身上都有一股十分驚人的支持力量，那是擊敗厄運之神的重要武器，也是保護自己不受困厄擊倒的重要盾牌。

再怎麼辛苦，我們都不能輕易放棄，因爲沒有人可以測量出我們身上的眞正潛能，我們唯一可以確定的是：「只要我們能咬緊牙關，無論遇上了多麼艱困的險境，都一定能走過。」

除了速度，你還需要耐力

每個人的能力有限，你不一定是跑得最快的那一個人，
但是你一定要有耐心，跑完全程。

現代人凡事都講求速度，心理的速度、流行的速度、消費的速度、浮光掠影的速度、走馬看花的速度，似乎非要能把握「快、狠、準」這個原則，才能稱爲現代人。

但是，你知道嗎？速度快未必就是好，因爲，如果缺乏耐性，那麼除了速度之外，你什麼也沒得到。

一位著名的長跑教練到陌生的城鎮物色年輕的選手，其中有個男孩潛力十足，引起了他極大的關注，教練把自己的電話號碼留給這個男孩，囑咐他當天下午打個電話給他。

到了下午，教練的電話響了，可是只響了六聲就沒了。

過了一會兒，電話鈴又響了，這一次，響了七聲。

第三次，電話鈴才響了一聲，教練就立刻把電話接起來。一聽，果然是那個男孩打來的。

教練接著問他，前面幾次電話是不是他打的，男孩承認了，所以，教練決定不收這個孩子做自己的隊員。

他說，電話鈴聲一般是響了十下之後沒有回應才掛斷的，可是那個男孩撥了三次電話，前兩次都是響沒幾聲就中途掛掉，之後再重撥，如果不是他不懂禮貌，就是他非常沒有耐性。

他強調，「禮貌」和「耐性」等於是一個長跑選手的生命，因爲懂禮貌，所以能夠貫徹運動家精神；因爲有耐性，所以可以堅持到最後一分鐘。

頭兩次，教練故意不馬上接起來，爲的就是想考驗一下對方的耐性。結果男孩令他很失望，連幾秒鐘都不願意等待了，哪能指望他去跑馬拉松嗎？

長跑眞是一種吊詭的比賽，一方面比誰跑得最快，另一方面又要比誰撐得最久，與速度抗衡的，就是耐性。

所謂的第一，不是現在的第一，而是最後的第一。有記者訪問前美國總統柯林頓，「當總統最需要什麼？」柯林頓回答：「是耐心。」

因爲有耐心，所以可以泰山崩於前而面不改；因爲有耐心，所以可以和對手周旋到最後一分鐘；因爲耐心，所以沈著，所以聰明。

每個人的能力有限，你不一定是跑得最快的那一個人，但是你一定要有耐心跑完全程。

每一個孩子，都需要父母關注

親子互動間的差別待遇，往往是兄弟姐妹之間爭吵的重要關鍵，父母必須要多為自己的孩子設想，盡量達到公平，才不會多起紛爭。

成人在教育小孩的時候，經常遭遇到的最大問題是，不知道小孩心裡在想些什麼，以及如何體會小孩的感受和情緒。

無論年紀大小，每個孩子都需要父母的關愛。父母親要學會以各種不同的方式，適時展現自己對每個孩子的重視和關心，這樣，才不會使得某些小孩在長期缺乏關注的情況下，有了異常行爲出現。

有一天，柯維決定帶著兩個兒子一起來一趟「男人的旅行」，於是安排了一系列只有他們父子參加的活動。他帶著孩子去看體操表演和拳擊比賽，只要孩子想吃東西他就買，最後還一起看了一部兒童愛看的喜劇片。

儘管柯維從電影一開場就無聊得想睡覺，但還是覺得自己安排的這一系列活動，對於增進父子情感很有幫助。

電影到一半，四歲的小兒子蕭恩因爲體力不支，坐在椅子上睡著了，於是柯維便把他抱到自己的腿上。電影看完以後，柯維把蕭恩安置在後座，因爲晚上很冷，便脫下外套蓋在他身上。

坐在前座的大兒子史蒂芬一路都異常得沉默，柯維不禁想，難道他並不覺得今天過得很開心？

車子裡的氣氛悶到最高點，柯維強迫自己一定要沉住氣，不可以發脾氣。他看得出來史蒂芬有心事，但不明白什麼地方出了差錯，一整天大家不是都玩得很開心嗎？

回到家，柯維先把蕭恩送上床。等到史蒂芬換妥睡衣，刷好牙，柯維已經在他的房間裡等他。

柯維躺在史蒂芬身邊，把他摟進懷裡，問：「史蒂芬，你覺得今天晚上過得如何？」

史蒂芬小聲地說：「還可以。」

柯維繼續問：「那你開心嗎？」

史蒂芬仍然說：「還可以。」

柯維又問：「那你最喜歡的是什麼？」

史蒂芬久久沒有回答，柯維感覺到懷裡的小小身體正在顫抖著，而後聽見兒子抽噎哭泣的聲音。

柯維把他抱轉過正面來，問道：「史蒂芬，怎麼了，你哭什麼？」

史蒂芬撇著嘴，滿臉淚痕，哽咽地問：「爸爸，要是我覺得冷的話，你也會給我蓋外套嗎？」

原來，再怎麼有趣的活動，也比不上父親下意識的關愛舉動。史蒂芬一整天下來當然很開心，但是，他發現父親在不自覺的情況下，特別照顧較年小的弟弟，當然會覺得自己受到冷落。他並沒有想要爭寵的意思，只是希望同樣能夠獲得父親的關愛。

較大的孩子，通常是父母親的小幫手，樂意幫忙照顧弟妹。由於他們懂事，常常會讓父母忘記了，他們其實也不過大了幾歲而已。

親子互動間的差別待遇，往往是兄弟姐妹之間爭吵的重要關鍵，父母必須要多為自己的孩子設想，盡量達到公平，才不會多起紛爭。

Part 5

不怕跌倒，才會越來越好

「懂得如何爬起來」，
才是摔倒要帶給我們的寶貴經驗。
只要面對每一次的挑戰都努力奮戰，
總有一天成功將屬於自己。

從零開始，讓人更加奮起

一切從零開始的確是件好事。你沒有任何的負擔、牽掛，就算失去了所有，也只不過是回到起點，從「零」開始。

有一段膾炙人口的話是這麼說的：「心態就是人真正的主人，如果你不用積極的心態駕馭生命，那麼生命就會反過來駕馭你！你的心態將決定誰是騎師，誰是馬。」

用不同的心境面對環境，人生就會產生各種可能；你會擁有什麼未來，完全在於你用什麼心態面對現在。

在人生某些關鍵時刻，必須做某些關鍵決定的時候，我們常常會這樣告訴自

己：「就這樣決定吧！頂多失敗了，從零開始而已……」

然而，一旦遇到眞的必須從零開始的時候，卻鮮少有人可以心胸豁達地坦然接受這個殘酷事實。原因就出在我們無法放下過去那些讓自己享受掌聲的豐功偉業，無法面對極可能一無所有的自己，才會那麼害怕「從零開始」。

但是，我們卻都忘了，無論自己現在或過去多麼風光、多麼有成就，不也都是「從零」開始的嗎？

五十多年前，一個年輕人從中國隻身來到陌生的國度——馬來西亞。當他站在這片土地上時，口袋裡只剩下五塊錢。

爲了生存，他在這片土地上爲橡膠園主割過橡膠、爲蕉農採過香蕉、爲小飯店端過盤子……誰也不沒想到，就是這樣的一個年輕人，五十年後竟然成爲一位億萬富翁。

很多人試圖找到他成功的秘訣，但後來發現，他所擁有的機會跟大家都是一樣的。唯一的區別可能是他敢於冒險，可以在賺到十萬塊的時候，把這十萬塊全部投入新行業。在那個動盪的投資環境中，一般人很難做到這點。

馬來西亞首相馬哈蒂爾，也聽過這號人物，在某次機緣下請他幫個忙。當時，馬來西亞有一家國營鋼鐵廠經營不善，虧損高達一．五億元。首相找到他，請他擔任總裁，設法挽救搖搖欲墜的鋼鐵廠。

他爽快地答應了！在別人看來，這是一個錯誤的決定，因爲鋼鐵廠積重難返，生產設備落後，員工凝聚力渙散。接管這間工廠，無疑是將自己投入巨大的無底洞中，用再多金錢也無法填平。

可是他卻坦然接受一切，並對媒體說：「當年我來到馬來西亞時，口袋裡只有五塊錢，這個國家幫助我成功，現在是我回報的時候。如果我失敗了，等於損失了五塊錢。」

年近六旬的他從豪華的別墅裡搬了出來，來到了鋼鐵廠，在簡陋的宿舍辦公，只領象徵性的工資，馬幣一元。

三年過去了，企業轉虧爲盈，盈利達一．三億港幣，他也成爲東南亞鋼鐵巨

頭。他又成功了，贏得讓人心服口服。

面對成功，他笑著說：「我只是撿回了我的五塊錢。」

這位值得敬佩的企業，就是馬來西亞巨亨謝英福，他的創業傳奇被馬來西亞人津津樂道。

人生的道路很漫長，難免會遇到不如己意卻又無法改變的情況。這時候，不必患得患失，你唯一要做的就是要求自己盡責。

有個人在最低潮的時候，向別人抱怨：「我已經一無所有，所有一切都歸零。我的一生完了！」

聽他訴苦的人並沒有安慰他，反而微笑地回答：「歸零？這不是很好嗎？一切可以從零開始！」

是啊！一切從零開始的確是件好事。你沒有任何的負擔、牽掛，就算失去了所有，也只不過是「零」，而不是負數啊！

對謝英福來說，「五塊錢」就是一個「零」，就算失去了全部的家產，也只不過是回到起點，從「零」開始。

因此，他能坦然面對每一個「得」與「失」。得到，就是從「零」開始往上加；失去了，也不過是回到「零」。

得失心每個人都有，但是把得失看得太重的人，碰到挫折、失敗的同時，很容易一蹶不振，無法接受「失去」的事實，走不出挫敗的陰影，自然沒有重新開始的動力和機會。

或許，我們沒有那些成功人士的豁達，也沒有本錢讓自己一再跌倒，但是我們必須學習這樣的精神，面對每一次挫折的同時，勇敢告訴自己：「一切從零開始，也是一件好事！」

相信自己，何必在意閒言閒語？

一切批評，你可以選擇參考或接受，只要自己總是努力認真地生活著，凡事無愧於心，對於任何不友善的言詞都可以一笑置之。

作家英格麗曾經寫道：「如果我將別人過去對我的閒言閒語都放在心上，那麼我就不可能擁有現在的成就。」

確實如此，太過於在乎別人閒言閒語，只會讓自己飽受困擾之餘，陷入父子騎驢的境地，甚至因此一敗塗地。

我們之所以會那麼在意別人對自己的批評，原因不外乎有以下兩點。

第一是別人的批評，剛好踩到自己的「痛處」，也就是別人的批評是確有其事。第二，則是自己對自己沒有信心，不論別人的批評是有意，或是無心，都會忍不住地耿耿於懷。

其實，如果我們願意相信自己，對自己有十足的把握和信心，那麼不論別人對自己的批評有多麼惡毒，多麼不堪入耳，我們都可以把它當做「笑話」一笑置之。

一群人到山上打獵，其中一個獵人不小心掉進很深的坑洞裡，右手和雙腳都摔斷了，只剩一隻健全的左手。坑洞非常深，又很陡峭，所有的人都束手無策，只能在地面上喊叫。

幸好，坑洞的壁上長了一些草，那個獵人就用左手撐住洞壁，以嘴巴咬草，慢慢地往上攀爬。地面上的人就著微光，看不清洞裡情況，只能大聲爲他加油。等到看清他身處險境，靠嘴巴咬著小草攀爬時，忍不住議論起來。

「哎呀！像他這樣一定爬不上來的！」

「情況眞糟，他的手腳都摔斷了耶！」

「對呀！那些小草根本不可能撐住他的身體。」

「眞可惜！如果他就這樣摔死了，留下的龐大家產就無緣享用了。」

「是啊，他的老母親和妻子可怎麼辦才好！」

落入坑洞裡的獵人聽到最後實在忍無可忍，忍不住張開嘴巴大聲吼叫：「你們都給我閉嘴！」

就在他張口的瞬間，再度落入坑洞。重傷的他即將死去之前，還聽到洞外異口同聲傳來：「我就說嘛！用嘴爬坑洞，是絕對不可能成功的！」

有一個小和尚非常苦惱，因爲師兄師弟們老是說他的閒話，讓他無所適從。就連唸經的時候，他的心也在那些閒話上。

於是，他跑去向師父告狀：「師父，他們老說我的閒話。」

師父雙目微閉，輕輕說了一句：「是你自己老說閒話吧？」

「是他們瞎操閒心。」小和尚不服。

「不是他們瞎操閒心，是你自己瞎操閒心。」

「是他們多管閒事。」

「不是他們多管閒事，是你自己多管閒事。」

「師父，您爲什麼這麼說？明明都是他們說的啊。」小和尙得不到師父的安慰，急得快哭出來。

「操閒心、說閒話、管閒事，那是他們的事，就讓他們說去，與你何干？你不好好唸經，老想著他們操閒心，不就是你在操閒心嗎？老說他們說閒話，不就是你在說閒話嗎？老說他們管閒事，不也是你在管閒事嗎？」

被批評的確是一件令人難受的事，沒有人喜歡被批評。連頗有名望的法國足球選手席丹，都可以因爲對手幾句污辱的話而做出犯規舉動，被判紅牌出場，在人生最後也是最重要的一場比賽中留下遺憾。

可是，因爲別人的幾句批評而一蹶不振，或者發生打架、砍人的事件，甚至

因爲那些話而丟掉生命，眞的値得嗎？

批評是很主觀的，出於評論者的口中，代表的不過是他個人的看法和觀點，可能很有道理，也可能胡說八道，純粹是爲了打擊對方。對於這類只代表「個人觀點」的話語，更需要用理智來判斷。

或許你會說：「這些我都懂，可是我還是很在意。」

爲什麼會這樣呢？爲什麼要一直把那些話放在心上，一次又一次用它來折磨自己？

請謹記一個眞理：別人的批評，其實與你無關。

對方會批評，只是因爲他想批評，不管是說些無關緊要的閒話，或者刻意攻擊，還是想給你建議，都只是他個人的意見。一切批評，你可以選擇參考或接受，當然也可以拒聽，拒絕對方不善的言論。只要你知道自己總是努力認眞地生活著，凡事無愧於心，對於任何不友善的言詞都可以一笑置之。

不怕跌倒，才會越來越好

「懂得如何爬起來」，才是摔倒要帶給我們的寶貴經驗。只要面對每一次的挑戰都努力奮戰，總有一天成功將屬於自己。

許多成功人士都說：「成功其實沒有什麼秘訣，唯一的要領，就是在哪裡跌倒，就在哪裡爬起來！」

確實如此，想要成功，就不能害怕跌倒，因爲所有的成功，其實都是從我們一次又一次跌倒的失敗經驗中所獲得的，即使是大家耳熟能詳的成功的人士，又有哪個人沒有失敗過呢？

做任何事都小心翼翼，極力地避免讓自己「跌倒」的人，或許永遠都不會跌

倒，不會失敗，但相對的，這種從來不會失敗的人，也永遠不會成功。

里蒙．斯通生於一九〇二年，父親早逝，母親獨自把他撫養長大。

里蒙的母親在他十幾歲時，把辛苦存下的一點錢，投保到底特律一家小保險經紀社。這家保險經紀社替底特律的美國傷損保險公司推銷意外保險和健康保險，推銷員僅一人，那就是里蒙的母親。每推出一筆保險，她就會收到一筆佣金，這是她唯一的收入。

里蒙十六歲的那年暑假，母親引導他去推銷保險。他走到母親指派給他的大樓前，猶豫了好一會兒，才鼓起勇氣走進去。

他逐門進行推銷，大多數的人拒絕了他，還有人當著他的面甩門。結果，只有兩個人買了保險。

第二天，他仍走向同一棟大樓，向昨天拜訪過，但被拒絕的住戶推銷保險。有了先前的經驗，他更了解該如何推銷。

這一天，他賣出了四份保險。第三天，他賣出了六份。就這樣每天一點一滴地進步，到了假期快結束時，他居然創造了一天十份保單的好成績，後來甚至有高達二十份的佳績。那時他發覺，他的成功，是因爲自己有積極的心態，並能積極行動的緣故。

二十歲時，他在芝加哥開了一家保險經紀社，全公司只有他一個員工。開業頭一天，他就賣出五十四份保險。後來事業一天比一天興旺，有一天居然締造了一百二十二份保單的紀錄。

之後，他開始在各州招人，在各地擴展他的事業。每一個州都有一名推銷總管，管理各地員工。那時，里蒙還不到三十歲。

後來，美國因爲經濟大恐慌，大家都沒錢買健康和意外保險，眞有錢的，又寧願把錢存下來以防萬一。

這時，里蒙爲自己增加應付困難的座右銘：「銷售是否成功，決定於推銷員，而不是顧客。如果你以堅定的、樂觀的心態面對艱難，反而能從中找到益處。」結果，他每天成交的份數，竟與以前鼎盛時期相同。

到了一九三八，里蒙成了一名百萬富翁，他所領導的保險公司，也成爲美國首屈一指的大企業。

多數父母都會希望自己的孩子「不要跌倒」，總是盡其所能地保護，讓他們不受傷害。可是，世界上有哪人的一生從未受過傷呢？

爲人父母只能盡量選擇平坦的道路讓孩子行走，卻不能保證在這條路上沒有車子橫行。里蒙的母親清楚知道這點，唯有親身經歷過摔倒，才懂得如何爬起來，因此鼓勵年紀輕輕的他走進人群，即使這並不是一件容易的事。

法國作家巴爾札克曾說：「世間的事永遠不是絕對的，結果完全因人而異。以苦難來說，它對天才是一塊墊腳石，對能幹的人是一筆財富，對弱者則是一個萬丈深淵。」

別將焦點聚集在「會摔跤」上，「懂得如何爬起來」才是摔倒要帶給我們的寶貴經驗。就算我們能保護自己現在不跌倒，可是難保哪一天跌倒時，眞的有能

力去承擔那種傷害。

那些從來不曾受過風吹雨打的溫室裡的花朵，一旦接觸室外的世界，往往比一般野花更容易受到強風豪雨的摧殘，就此一蹶不振。

如果你是個常常摔跤的人，也不必太灰心，因爲你將有機會成爲一個「懂得如何爬起來的高手」。只要充滿積極上向的心態，面對每一次的挑戰都努力奮戰，總有一天成功將屬於自己。

盡力爲自己的決定努力

若能謹慎為每一個人生岔路做選擇，不論得志或失意都不隨便做決定，總是為自己的選擇努力，那麼將會有驚喜等著自己。

相信大家都聽過「蝴蝶效應」的理論吧！

這個理論大意是說在亞馬遜雨林一隻蝴蝶翅膀偶爾振動，也許半個月後，就會引起美國德州一場颶風。

把這個理論套用在日常生活，其實也意味著，在人生過程中，某些我們做完就忘記的小選擇，或許在若干年後，將成爲決定我們人生方向的關鍵選擇。因此，在每個人生階段做任何一個選擇和決定，都必須非常小心慎重。

情。

千萬別以爲自己所做的只是一個小選擇，就可以隨便和馬虎。相反的，應該愼重地將它當成重大決定來看待，並且，全力以赴地去做好自己決定的每一件事情。

德國一個火車小站裡，一位扳道員正要走向自己的崗位，去爲一輛徐徐駛近的列車扳動道岔。

鐵軌的另一頭也出現一輛火車，正從相反方向隆隆駛近車站。假如他不扳道岔，這兩輛火車就會相撞，釀成巨大的災難。

這時，他無意間回頭，赫然發現自己的小兒子正在鐵軌的那一端玩耍，而那輛即將進站的火車就行駛在這條鐵軌上。

「怎麼辦？」他的腦海裡冒出一道聲音，是要立即飛奔過去，把兒子搶救上站台，還是要克盡職守扳動道岔？

一想到迎面駛來的列車上將會有數百人面臨喪生的厄運，他強忍巨大的痛苦，

決定不違反自己肩負的職責。

只見這位工人向他的兒子大吼一聲：「臥倒！」隨即快步奔向崗位扳動了道岔，一眨眼工夫，這輛火車安全地進入了預定的鐵軌。

他的兒子由於平常就習慣服從父親的命令，沒顯出絲毫的慌亂，立即筆直地躺倒在鐵軌中央，一列火車就這樣從他的頭頂呼嘯飛馳而過。

車上的旅客們毫不知他們的生命曾懸在千鈞一髮中。

隨即，那位父親朝著兒子的方向狂奔而去，不敢想像將會看到多麼慘不忍睹的情狀。當火車通過，看到兒子還活著，而且未受一點損傷，慢慢起身時，他激動得流下眼淚！

如果你是那位鐵道員，你會怎麼做出什麼樣的抉擇呢？是救孩子，還是救整車的乘客？

不管選擇哪一個，都會在人生中留下巨大的創傷，可是你就是必須做出一個選擇。

所謂的人生，其實是由無數次的抉擇形成的，當你做出一個決定，人生就是一個新局面的開始。就像走向人生的岔路，不管你選擇了哪一條，都會帶你走向不同的方向，過不同的人生。

例如，在同一家庭中，一個孩子選擇留在家鄉發展，他的一生可能就是安安穩穩，沒有什麼大風大浪；另一個孩子決定到異鄉奮鬥，他的人生際遇將完全改變，讓人難以預期。

交朋友也是一種選擇，當你選擇跟一群狐群狗黨友好時，等待你的可能是打架、吸毒，或者開啓的監獄大門。可是，你選擇遠離這些人，等待自己的又是不一樣的人生。

或許你會說：「既然這樣，我乾脆什麼決定都不做，不做任何選擇，隨著生命或者長輩的安排自然發展吧。」

就算是這樣，也是一種選擇，因爲你選擇把決定權交給別人。

日常生活中充滿了各式各樣的選擇，小至今天要吃什麼、穿什麼顏色的衣服、

去哪裡玩，大至是否要動一個成功率只有百分之三十的手術、要不要個生孩子……等等。

當你做出一個選擇，就會有不同的改變。若能謹愼爲每一個人生岔路做選擇，不論得意或失意都不隨便做決定，總是爲自己的選擇努力奮鬥，那麼將會有出乎意料的驚喜等著自己。

愛因斯坦曾經說：「人只有懂得改變對困境的看法，才能找到衝出困境的方法和做法。」

的確，成功絕大部分取決於身處逆境的時候，是否具備改變主觀看法的勇氣，事實證明，只要你能改變看法，就能改變導致你失敗的做法，幫助你往成功的道路邁進。

唯有好好耕耘當下，盡力改變現在，才能徹底改變自己的未來。

先冷靜，才能擺脫困境

不要因為突如其來的狀況而亂了手腳，越是緊急的時候越要冷靜思考，只要不心慌意亂，就能吸引別人來幫助自己。

「你自己要懂得先幫助自己，別人才可能在你需要幫助的時候，向你伸出援手。」

其實，道理每個人都懂，諷刺的是，實際上眞正能夠做到的卻不多。原因就出在，有些人只要一遇到一時無法解決的問題，閃過腦海的第一個念頭，就是向朋友求救。

他們總以爲，直接請朋友幫忙是解決棘手問題最快速的方法，卻從來沒有想

過，「直接請朋友幫忙」或許是方法之一，卻不是最好的方法。

解決棘手問題的最好方法，應該是遇到問題時，先仔細思考自己應當怎麼做，如果真的還是想不出辦法解決，才轉而去求別人幫忙。想要獲得別人幫忙，首先必須先懂得先幫自己一把。

大學剛畢業時，他進入一家報社當記者。有一天，他正在趕稿時，編輯部主任突然對他說，晚上有一場很重要的音樂會，可是負責寫這篇音樂評論的記者突然生病住院了，因此派他去參加音樂會，並寫出一篇評論，明天見報。

他對音樂一竅不通，怎麼有辦法寫評論呢？但是，主任的命令他沒有膽量拒絕，只好不吭一聲。

主任見他沉默，了解他擔心自己不能勝任，便告訴他說：「沒有過不去的火焰山，船到橋頭自然直。你頭腦轉得快，我相信你會克服困難，寫出一篇像樣的評論文章。」

然後，主任擺了擺手，容不得他再說什麼，就把他打發了出去。

當天晚上，他愁眉苦臉地坐在劇場中。劇場另一邊，他清楚地看到了另一家報社的記者翹著二郎腿，微閉著雙眼，腦袋隨著音樂的節奏微微晃動，一副胸有成竹的樣子。

他知道，明天他們的報紙上肯定會出現精采的文章。目前最讓他苦惱的是，自己的任務該怎麼完成呢？

音樂會快結束的時候，他突然想到了一個辦法。舞台上的布幕才剛落下，他立即衝到後台，找到一位著名的小提琴演奏家。他向她自我介紹，說明自己面臨的困難，坦誠地向她求助。

他說：「實際上，我是在請您幫忙我寫這篇音樂評論。我想，您一定願意幫助我這名新手的。」

小提琴家望著他笑了，喝了一口水，便滔滔不絕地講了起來，他也趕忙做起筆記。第二天，兩篇評論文章同時見報，圈內人士都驚呼發現一名音樂評論新星。一炮而紅的他，隨即成為專職的音樂記者。

他運用第一次成功的經驗，再加上不斷地學習和鑽研，幾年後，成爲大家公認的音樂評論家，最後還擔任一家全國性音樂雜誌的總編輯。

一個從未接觸音樂領域的人，最後卻走上音樂評論這條道路，並有如此成就，實在教人敬佩。然而，眞正讓他踏上成功之路的原因是什麼呢？

可以想一想科學家牛頓說過的話：「如果說我看得比別人更遠，那是因為我站在巨人的肩膀上。」

這位對音樂一竅不通的大學生，懂得尋求前輩及周邊人的協助，讓他有辦法寫出精闢的文章。即使另一家報社的記者對音樂有再多了解，也比不上一個眞正的音樂家寫出來的評論，自然不敵大學生寫的。

大學生等於站在這位音樂家的肩膀上，借著她的力量，用兩個人的智慧，拉近他和另一個記者在音樂知識上的差距。

當然，最重要的還是大學生「自助」的行動。

如果他在聽完音樂會後，沒有向小提琴家尋求幫助，而是埋頭苦思、隨便瞎扯，是不可能擠出一篇像樣的評論文章的。

想要獲得別人的幫助，就必須有膽識去尋求援助的管道。既然不懂音樂，就去找個懂的人來幫忙。

不要因爲突如其來的狀況而亂了手腳，越是緊急的時候越要冷靜思考，只要不心慌意亂，就能吸引別人來幫助自己。

處在困境，更要保持平靜

拉開一點距離來看待自己的問題，不論處在怎樣失意的環境中都努力保持平靜，就不難發現，原來我們的問題其實並沒那麼嚴重。

處在困境的時候，千萬不要只會把時間花在怨天尤人。一味地將時間花在抱怨自己怎會這麼倒楣、怎會這麼時運不濟，不僅一點也無法改變身處困境的這個事實，而且，抱怨東、抱怨西所產生的負面能量，只會讓自己在困境之中越陷越深。

想讓自己走出困境的最好方法，首先必須先讓自己的心情平靜下來，然後思考自己該如何做，才能走出眼前困住自己的處境，甚至讓目前的困境，變成邁向成功的另一條途徑。

亨利從商多年，過了半百的年紀，事業仍無起色。屢屢受挫的他情緒十分低落，常常無端地發脾氣，埋怨所有不如意的事。

有一天，他心灰意冷地對妻子說：「這個城市令我失望透了，我想離開這裡，換個地方。」無論朋友們如何勸留，都無法改變他的決定。

亨利和妻子來到了另外一個城市，搬進一幢老舊公寓。他忙於生意，早出晚歸，對周圍的鄰居未曾在意。一個週末的晚上，他正對妻子抱怨碰上商場上的騙子時，突然停電了，屋子裡一片漆黑。

亨利很後悔搬來時候沒有準備蠟燭，只好無奈地坐在地板上抱怨起來。這時，門口突然傳來輕輕地、略為遲疑的敲門聲，打破了黑夜的寂靜。

「誰呀？」亨利在這個城市並沒有熟人，也不願意在週末被人打擾。他很不情願地起身，摸黑走到門口，不耐煩地開了門。

門口站著一個小女孩，怯生生地對亨利說：「先生，我是您的鄰居。請問您有蠟燭嗎？」

「沒有！」亨利粗暴地回答，並在下一秒「砰」一聲把門關上。

「眞是麻煩！」亨利對妻子抱怨道：「討厭的鄰居，我們剛剛搬來就來借東西，這樣下去怎麼得了！」

就在他滿腹牢騷的時候，門口又傳來了敲門聲。打開門，門口站著的依然是那個靦腆的小女孩，只是手裡多了兩根蠟燭，紅通通的，就像她漲紅的臉，格外地顯眼。

她小心翼翼地說：「奶奶說，樓下來了新鄰居，家裡可能沒有準備蠟燭，要我拿兩根給你們。」

亨利頓時楞住了，被眼前發生的一幕驚呆了，好不容易才緩過神來。這次他眞誠地說：「謝謝妳和妳奶奶，上帝保佑妳們！」

當一個人處於困境時，越想擺脫眼前，反而越感到苦惱。因爲此時將焦點過度集中在自己身上，總是用放大鏡看待自己的處境。

際遇不順的人滿腦子只想著：「我眞是天底下最不幸的人了。」自憐的情緒之後，就是感慨、憤怒，抱怨老天太不公平，爲何要這樣對待自己。

挫折的情緒每個人都有，可是一味讓自己沉浸其中，甚至遷怒他人，只會讓視野更狹窄，前方的道路更加崎嶇難行。

看到小女孩拿著蠟燭的瞬間，亨利終於明白，自己失敗的根源就在於對別人冷漠與刻薄。如果我們能拉開一點距離來看待自己的問題，不論處在怎樣不如己意的環境中都努力保持平靜，就不難發現，原來我們的問題其實並沒想像中那麼嚴重。

即使得意，也不能忘了自己

人生失意的時候要加倍努力，得意的時候同樣不能忘了過去、忘了自己。唯有低頭的麥穗，才是飽滿的。

當一個人春風得意的時候，最忌諱的就是驕傲忘形，忘記自己一路走來的艱辛路途。

其實，一個人一生的「得意」時間，往往比「失意」的時間要少很多，因此，得意的時候，必須比失意時更加認真，更加謙虛，千萬別忘記以前失意的樣子。如此，「得意」時間才不會曇花一現，變成「失意」的開端。

小李的父親有位好朋友是國內知名畫家。小李每次去他家拜訪，都會遇上登門求教的年輕人，畫家朋友總是很有耐心地幫人看畫，給予建議，常常一指導就耗去了大半天。

對於有潛力的人，畫家還會熱心地推薦給藝術界及相關單位，這樣做更是花了他不少的時間和精力。

小李知道他的時間很寶貴，至於提攜後輩並非絕對必要的事，於是忍不住問他：「您何必這樣做呢？您隨便畫一幅畫就有幾十萬收入，受邀參加講座也有好幾萬塊。不如多畫點畫，多接幾場演講，何必把時間浪費在這些小人物的身上呢？」

畫家楞了楞，然後笑著說：「我爲你講個故事吧！」

畫家說，四十年前，有個年輕人拿了自己的畫作來到大城市，想請一位自己景仰的畫家指點。那畫家看這年輕人是個無名小卒，連畫都沒打開，就說自己有

事，下了逐客令。

那年輕人走到門口，轉過身說了一句話：「老師，您現在站在山頂，往下看我這個無名小卒，把我看得很渺小；但您也應該知道，我在山下往上看您，您也同樣很渺小！」說完轉身揚長而去。

因爲這件事，年輕人更努力充實自己，最後總算有一點名氣。

說到這兒，小李已明白，當年那位連畫都來不及打開就被趕走的年輕人，就是眼前這位知名畫家啊！

最後，畫家畫了一幅畫送小李。那幅畫是一座山峰，山頂有一個人往下看，山下有一個人往上看，兩個人果然是一樣大小的。

這個故事告訴我們，一個人的形象是否高大，並不在於他所處的位置，而在於他的人格、胸襟和修養。

能夠精通一門學問的確讓人敬佩，獲得他人肯定之時也別忘了謙虛爲懷。畢竟一個人的成功，絕對不是單靠自己的力量。

俄國作家托爾斯泰說：「一個人就像是一個分數。他的實際才能是分子，他對自己的評價是分母。分母愈大，則分數的值愈小。」

如果我們對自己的評價過高而忘我，不懂得繼續充實，反而會蓋過原有的能力。相反的，如果能爲自己和別人打下客觀的分數，藉著幫助別人的機會更了解自己的實力，才能增加分子。

小李從畫家處獲得的，不僅僅是價値好幾十萬的畫作，更珍貴的是畫家領悟的人生之道：一個成功的人生、一部好作品的出現，是由生命中無數的事件，以及許許多多「過客」共同成就的，因爲有他人給予的磨練和幫助，才能讓生命更精采。

不論處於什麼位階，都要保持純淨與謙恭，才能向上提升，就像俄國評論家別林斯基所說：「一切真正的和偉大的東西，都是淳樸而謙虛的。」

人生失意的時候要加倍努力，得意的時候同樣不能忘了過去、忘了自己。唯有低頭的麥穗，才是飽滿的。

不論得意或失意，都要得人敬意

不論在得意還是失意的時候，都能保持同樣的態度，獲得別人的尊重和敬愛，才是最有價值，最值得驕傲的事！

許多人不斷追求外在的身分、地位、權勢、錢財等來突顯自己的顯貴，就爲了讓衆人的目光停留在身上，享受那份炫耀帶來的驕傲。

但是，仔細想想，撇掉這一切，一個人的內在還剩下多少呢？

想獲得別人發自內心的尊敬，得意之時必須保持一顆謙卑的心。就算自己有多麼了不起的豐功偉業，也沒什麼好炫耀的，即使我們眞的一事無成，也沒有什麼好妄自菲薄的。

一天，蘇格拉底和弟子們聚在一起聊天。一位家境富裕的學生，趾高氣揚地對著所有同學炫耀，他家在雅典附近擁有一望無際的肥沃土地。

當他口若懸河大肆吹噓的時候，一直在旁邊不動聲色的蘇格拉底拿出了一張世界地圖，對他說：「亞細亞在哪裡？麻煩你指給我看。」

「這一大片全是。」學生指著地圖回答。

「很好！那麼，希臘在哪裡？」蘇格拉底又問。

學生好不容易在地圖上將希臘找出來，但和亞細亞相比，無疑小多了。

「雅典在哪兒？」蘇格拉底又問。

「雅典，這就更小了，好像是在這兒。」學生指著地圖上的一個小點說。

最後，蘇格拉底眼神堅定地看著他說：「現在，請你再指給我看，你家那塊一望無際的肥沃土地在哪裡？」

學生當然找不到，他家那塊一望無際的肥沃土地，在地圖上連個影子也沒有。

這時，他似乎有些覺悟，回答道：「對不起，我找不到了！」

翻開地圖，人類是多麼的渺小，更不用說地球只是宇宙中的一顆小行星。若從地圖來看自己，人的一生實在沒有什麼值得一提的，那些華麗的外在，總有消失的一天。

看過一個頗有社會地位的人，說了這樣一段故事：

有一天，我在擁擠的車潮中駕著車以龜速前進。那時候我心裡非常著急，因為我正要趕去簽一份價值五百萬美元的重要合約。正在等紅燈時，一個衣服襤褸的小男孩，敲著車窗問我要不要買花。我拿出兩美元，那時綠燈正好亮起，後方的車子開始猛按喇叭催促著，一急之下，我口氣不佳對著正問我要什麼花的男孩說：「什麼顏色都可以，你只要快一點就好。」

那男孩十分禮貌地說：「謝謝你，先生。」

開了一小段路後，我開始感到良心不安，自己粗暴無禮的態度，卻得到對方如此有禮的回應。於是，我把車停在路邊，回頭找到那孩子，對他表示歉意，並且再給了他兩美元，要他自己買一束花送給喜歡的人，那個孩子笑了笑，並道謝接受了。

誰知，當我回去發動車子時，車子竟然故障了，一動也動不了，我只好步行找拖吊車幫忙。正在懊惱之時，一輛拖吊車已經迎面駛來，我愣在當場。司機看著我吃驚的臉，笑著對我說：「有一個小孩給了我四美元，要我開過來幫你，並且還寫了一張紙條要給你。」

我打開一看，上面寫著：「這代表一束花。」

「這就是我一生中最感到驕傲的時候。」那個有一定社會地位的人這樣說道：「因為我能夠得到別人的相信、肯定和敬愛。」

擁有社會地位，的確能獲得他人尊敬的眼光，可是一旦卸下這個光環，還有什麼呢？即使不在乎別人的看法，又會希望真正的自己是怎樣的一個人？

只有身為一個「有心人」，不論在得意還是失意的時候，都能保持同樣的態度，獲得別人的尊重和敬愛，才是最有價值，最值得驕傲的事！

Part 6

勇敢做夢，就一定會成功

別深陷於失意的處境中無法爬出來。
多一點自信，相信「這是可以實現的」，
再多一點努力，必然能夠美夢成真。

憑著傻勁，朝目標前進

誰說目標一定要崇高而偉大，有時候只是起於一股傻勁，一個天真單純的理由，就能讓自己踏上不凡的人生。

雖然在設定目標之前，審愼衡量利弊得失眞的有必要，但是過於精明的算計，往往只會讓我們在這個目標前面躊躇不前。

其實，很多人之所以無法成功，通常問題並不是在於條件不好、能力不夠，而是顧慮太多，以至於綁手綁腳，無法一鼓作氣向目標前進。如果想要達成別人都認爲不可能達成的目標，有時候，需要的只是一股初生之犢不畏虎的拼勁和傻勁。

在其他小男孩跟隨生命的腳步漸漸成長時，他也正不斷成長茁壯。望著兒子不斷長高的身材，和一雙大腳板，父母除了高興之外，更多的是發愁。到哪裡爲他找到一雙合腳的鞋呢？

當時，父母爲了替他找到一雙合腳的特大號鞋，幾乎走遍了上海的大街小巷，卻總是失望而歸。

這位身材高大的少年飽嚐了「穿小鞋」的滋味。有一回，父母咬緊牙根，花了近一百美元，託一位遠在美國的親友爲他郵購一雙NIKE球鞋。

對於並不寬裕的家境而言，這雙價值不菲的NIKE牌球鞋簡直是奢侈品。因此，他如獲至寶，備加珍惜。即使隨著年齡增長，這雙鞋已經穿得又破又爛，也一直捨不得丟棄。

後來，他憑著超人的身高優勢進入東方男籃俱樂部打球。當時該隊正好獲得NIKE公司的贊助，但贊助的對象只限於一線隊員。

還只是集訓選手身分的他便暗下決心，一定要努力訓練自己，無論如何都要打進一軍。只要進了一軍，就不愁沒合腳的鞋穿，父母也不用再爲了替他尋找鞋子而發愁了。

他就是曾經讓全球華人引以爲榮的籃球明星姚明。不是爲了拿冠軍，更不是爲了加盟ＮＢＡ。最初，他的努力，只是爲了擁有一雙合腳的鞋。

有句話說：「成功屬於有傻勁的人，因為絕頂聰明的人不會去做傻事。」

在脫離童言童語的年紀後，許多人的夢想已不再天眞單純。然而，還是有許多人爲了實現幼時的夢想，憑著一股傻勁努力，最後終於走向成功之路。

例如聞名全球的知名導演史蒂芬．史匹柏，他拍攝的電影既瘋狂又迷人，然而早期的電影環境卻不能認同他的想法。可是，就因爲一股傻勁，一個想拍出「一些不可能的事」的瘋狂理由，吸引了一群同樣瘋狂的人支持他，才讓我們有大飽眼福的機會。

又如電影界重量級的演員周潤發，在投身演藝事業時，曾是美麗華酒店的服務生，負責替客人搬行李、洗車等清潔工作。

有一天，一輛豪華的勞斯萊斯轎車停在酒店門口，車主下車後吩咐了一聲：「把車洗一洗。」

那時中學剛畢業的周潤發，沒見過什麼世面，看見這麼漂亮的車子，不免有幾分驚喜。他邊洗邊欣賞這輛車，將車清洗乾淨之後，忍不住拉開車門，想上去享受一番。想當然爾，他被領班斥責、阻止了。

周潤發從此在心中發誓：「這一輩子我不但要坐上勞斯萊斯，還要擁有自己的勞斯萊斯！」

周潤發的決心是如此強烈，這成了他人生的奮鬥目標。

查理德菲爾爵士曾說：「目標的堅定是性格中最必要的力量泉源，也是成功的利器之一。沒有它，天才也會在矛盾無定的迷徑中徒勞無功。」

但是，誰說目標一定要崇高而偉大？有時候只是起於一股傻勁，一個天眞單純的理由，就能讓自己踏上不凡的人生。

用誠懇勤奮擺脫眼前的艱困

若是事業陷入瓶頸、事事都不順利，別太早沮喪、灰心，必須再加把勁，用自己的誠懇和勤奮彌補過來。

有些人畏於開口向別人請求幫助，一方面是個性內向使然，另一方面則是因爲，他們還沒開口請求別人幫助之前，就已經在心中預設立場，認爲別人一定會拒絕自己。

其實，不管做什麼事，都要抱最好的希望，做最壞的打算。不付諸行動，怎麼知道眞正的結果？

在還沒開始做事之前，就事先幫自己準備要做的事情「算命」，是每個人都

有的盲點，一旦經過所謂的「評估」，發覺這件事情成功機率不大，就會乾脆順勢提早放棄，殊不知，如果我們懂得用誠懇勤奮的態度來推動準備進行的事情，那麼原本評估不樂觀的事情，成功機率就會大增。

保險推銷員甘道夫年輕時，拜訪過一位很有名氣的書商。在他家裡，甘道夫看到許多徽章及獎盃，好奇地問：「這些徽章和獎盃是如何得來的？」

「我曾獲得美國最佳書商的稱號。」

「你是如何成為第一名的？」

「因為我知道神奇的格言。」

「什麼神奇的格言？」

「我會向客戶說『我需要你的幫助』。當你誠心誠意地向別人求助時，沒有人會說『不』。」

「你要求什麼幫助？」

「我請他給我三個朋友的名字。」

甘道夫這才了解了這位先生當年成功的秘密，這位先生是向客戶索求三個被推薦的名單。

爲什麼是三個而不是五個、十個呢？根據心理學家分析，人們習慣性用「三」來思考，此外，很少人有三個以上的好朋友。

一句「我需要你的幫助」的確幫了甘道夫許多忙，取得三個朋友的名字之後，甘道夫會向客戶進一步詢問他朋友的年齡、經濟狀況，然後在離開之前甘道夫會對客戶說：「你會在下週前與他們見面嗎？如果會的話，願不願意向他們提起我的名字？或者，你會不會介意我提到你的名字呢？我會用我與你接觸的方式與他們接觸。」

「我需要你的幫助」的確是一個好方法。甘道夫牢牢記住這句話，很多人都願意提供這種微不足道的幫助，因此，他的客戶群逐漸擴大。

透過眞誠的交往與不懈的努力，甘道夫終於成爲歷史上第一位在一年內銷售超過十億美元壽險的成功人士。

對於一個眞誠請求幫助的人，多數的人通常不會拒絕對方的要求。「提供三個名字」的做法，其實包含許多人性心理層面在其中。

想像一下，假使你碰上一個很誠懇的推銷員，甚至他和自己有某種程度上的交情，可是你並不需要那項商品時，你會怎麼做？想必是委婉地拒絕，可是更多人會選擇「將問題丟給另一個人」！

「要不然你去找某某人，他可能會需要這個東西！」當你這麼說時，多多少少減輕了內心的愧疚感。

書商和甘道夫的做法，正包含了這層人性面，他們提供人們一個「提供幫助」的管道，讓被推銷的人，就算不購買商品，也會覺得自己幫助了別人。

至於被提供爲名單上的人，有些可能正好需要，對這項商品有興趣；有些可能「以爲」提供者也購買商品，在「比較」的心理下，就眞的購買了；剩下的大概和提供者一樣，不購買，但是另外提供了三個名單。

當名單愈來愈長，購買商品的人也愈來愈多時，排在最早名單中未購買的人，在口耳相傳之下，也有可能會被影響而跟進。

誠懇的態度的確較能打動人心，讓人們願意助自己一臂之力。因此，若是事業陷入瓶頸、事事都不順利，別太早沮喪、灰心，必須再加把勁，用自己的誠懇和勤奮來彌補。

面對困境，更需要耐性

理性來自於耐性的緩衝，好讓自己有多一點思考空間。
否則，只有衝勁卻沒有計劃，只會撞得滿頭包。

有人說：「失敗與成功，只差一分鐘。」

的確，成功者與失敗者最大的不同，就是在於面對困境時，前者往往比後者多堅持一些時間，而且不到最後關頭，絕不輕言放棄。

很多失敗的人，往往就輸在無法堅持到最後一分鐘，甚至是最後一秒鐘。這些無法堅持到底的失敗者，就像一個拿著鏟子往地底下挖寶物，最後無功而返一樣，永遠都不知道，或許只要自己在放棄前，多往地下挖一公尺，自己想要挖的

「寶物」，就會出現在自己的眼前。

面對困境，更需要耐性。

喬治在英國倫敦大學修讀工商管理科期間，曾經參與倫敦大學的專業論文評選。他的論文被一些在英國企業界頗有聲望的成功人士看好，某大公司的總裁因此親自點名，要他參加該公司一年一度的職位競選。

喬治詳細閱讀該公司的簡介以及空缺的職位以後，決定投入競爭較爲激烈的總裁助理一職。

面試答辯等程序全部完畢以後，喬治和另外四個對手進入了最後的決選。決選分兩個步驟，第一步是做出上任第一天的工作安排。喬治在國內曾在某行政單位做過管理工作，因此以完美的思維和謙虛美德贏得了讚賞，結果他和另一位年輕的選手勝出。

第二步考查他們的內容竟然是賽車，接到那把車鑰匙之前，喬治絕對想不到

第二關的內容是毫不相關的東西。

還好他的開車技術不錯，很快就超越對手。不幸的是，他們的路線出現了堵車的狀況。喬治等了一會兒，看到對手的車也從後面跟了上來，爲了能盡快甩下對手，他看了看地圖，把車掉頭，往另外一條較遠的路行駛，那位對手則是耐心地等到塞車結束。

喬治因爲繞得太遠了，當他終於抵達目的地時，對手早已到達，他因此被公司淘汰了。

事後，總裁對他這麼說：「你的性格在駕車時已經流露出來，一個人能有耐心地等塞車狀況解除，那麼他在工作中即使遇到危機，也能理性解決。自我控制和堅守原則這兩項特質，對於總裁助理這個職位很重要，希望你能眞正明白自己失敗的原因。」

喬治後來語重心長地對朋友說：「其實我不是因爲賽車輸了才被淘汰，我是被自己淘汰的。」

西洋有句廣為流傳的俗諺：「寧可慢些，也不要太急而出錯；寧可笨些，也不要太巧而敗事。」

曾搭過某位「沒耐性」先生開的車，當時正好碰下班塞車潮，「沒耐性」先生被困在A車道裡動彈不得，眼看著B車道的車正緩緩前進，他便想盡辦法鑽進B車道裡。

然而，當他進入B車道後，A車道竟然開始動了起來，反而是B車道進入停止狀態。「沒耐性」先生當然無法忍受這樣的情況，又費盡心力鑽進A車道，結果又塞住了。

這樣的情況反覆了十幾次，「沒耐性」先生就是不肯耐心在其中一個車道多等幾分鐘。眼看身邊的車雖然行進緩慢，但也一台台通過路口，只有我們的車還困在車陣中。

有些工作需要衝勁和熱血，考慮太多、猶豫太久反而會誤了時機；有些工作

則需要深思熟慮，經過再三衡量才可以做出決定。

若是喬治應徵的工作是開發部門，相信他就能夠雀屏中選，因爲他懂得變通，而不是死守著崗位。但他應徵的是總裁助理，這個職位顧名思義就是輔佐總裁處理大小事。擔任這項要務的人，當然必須具備一顆冷靜的心，才能用理性的眼睛來看各種狀況，提醒總裁忽略的地方。

這兩種類型看似不同，其實都需要理性來判斷。

理性來自於耐性的緩衝，好讓自己有多一點思考空間。否則，只有衝勁卻沒有計劃，只會撞得滿頭包。

勇敢做夢，就一定能成功

別深陷於失意的處境中無法爬出來。多一點自信，相信「這是可以實現的」，再多一點努力，必然能夠美夢成真。

高爾基曾經寫道：「不知道現在該幹什麼事的人，根本看不見未來。」

人生有夢，築夢必須踏實，重要的並非你夢想成爲什麼，而是你該如何活在當下，該如何築夢，如何藉著心中的夢想，讓自己不斷向上躍昇。

想要改變未來，就必須從改變現在開始；想讓自己活得更耀眼，就必須試著把夢想當成前進的動力，用積極的想法驅逐消極的做法，按部就班踏穩自己前進的步伐，才能美夢成眞。

大家都知道，夢想必須加上努力，才能夠美夢成眞。如果空有夢想，卻沒有用實際行動去實現夢想，那麼這個「夢想」，充其量就只是一個停留在腦海中的空想。相同的道理，一個人如果漫無目標，那麼所謂的「努力」，也只不過會讓自己像一隻無頭蒼蠅一樣，一天到晚忙來忙去，卻不知道自己到底在忙些什麼。

他出生在一九四〇年美國舊金山。因爲父親是演員，所以他從小就有跑龍套的經驗，也讓他許下當演員的夢想。

由於身體虛弱，父親讓他拜師習武來強身。一九六一年，他考入華盛頓州立大學主修哲學，後來，他像所有正常人一樣結婚生子。但是在他內心深處，始終不曾放棄當一名演員的夢想。

有一天，他與一位朋友談到夢想時，隨手在一張便箋上寫下自己的人生目標：「我將會成爲全英國最高薪酬的超級巨星。我將奉獻出最激動人心、最具震撼力的演出作爲回報。從一九七〇年開始，我將會贏得世界性聲譽；到了一九八〇年，我將擁有一千萬美元的財富，那時候，我及家人會過著愉快和諧、幸福富裕的生活。」

寫下這張便箋的時候，他正過著非常窮困潦倒的生活，可是他卻把這些話深深刻在心底。

爲了實現夢想，他克服了無數次常人難以想像的困難。比如，他曾因脊背神經受傷，在床上躺了十四個月，但後來卻奇蹟般地站了起來。

一九七一年，命運女神終於向他露出了微笑。他主演的〈猛龍過江〉等電影都刷新香港票房紀錄。

一九七二年，他主演香港嘉禾公司與美國華納公司合作的〈龍爭虎鬥〉，這部電影使他成爲一名國際巨星，也被譽爲「功夫之王」。

一九九八年，美國《時代》週刊將他評選爲「二十世紀英雄偶像」之一，他是唯一入選的華人。

讀到這兒，相信大家都猜出他就是李小龍，一個「最被歐洲人認識的亞洲人」，一個到現在還是世界上享譽最高的華人明星。

人的行動力源自於對慾望的執著，當你的目標愈明確，決心愈強烈，成功的機率自然也愈大。因爲你會付出所有心力，想盡一切辦法，立志要克服萬難來完成它。別害怕勾勒出自己的夢想，哪怕只是偷偷寫在日記裡，或者在腦裡幻想千百次也好。只要擁有夢想，就不難實現它。

有位詩人說過：「人們都可以成為自己幸運的建築師。」

相信在李小龍成功前，他那張信箋如果被別人看到了，不免被嘲笑爲近乎天方夜譚的空想。然而，自己的成就要靠自己創造，李小龍做到了。

別忘了，在這個時代，只要你願意，什麼都有可能成眞。別低估自己的潛力，別深陷於失意的處境中無法爬出來。多一點自信，相信「這是可以實現的」，再多一點努力，必然能夠美夢成眞。

從今天起，仔細想想自己想要過怎樣的人生，要怎樣才能實現它，然後將它寫下來，並且付諸行動。

選擇誠實就能贏得支持

我們必須要提醒自己，碰上利益與道德良知的衝突時，更該想清楚自己該做什麼，該以什麼為標準。

當遇到攸關勝負的關鍵時刻，如果說一點小謊，就能爲自己贏得比賽，相信大多數人在那個當下，會閉著眼睛選擇說謊。

但是，這些人事後不免爲自己選擇說謊而贏得勝利，感到後悔，畢竟說謊贏來的比賽，既不貨眞價實，也不怎麼光彩。因此，與其事後才來後悔，還不如事前堅持即使輸掉比賽，也要選擇誠實面對自己。

就算因爲誠實而讓你無法贏得比賽，但至少讓你贏得心安理得，以及別人對

你的肯定和支持。

一個陽光明媚的上午，勃比．萊維斯帶著他的兩個小兒子去高爾夫球場打球。他走到球場售票處詢問售票員：「請問孩童的門票怎麼計算？」

裡面的年輕人回答他：「所有滿六歲的人進入球場都需要交三美元，先生。我們這個球場讓六歲以下的兒童免費進入，請問您的兩個孩子多大了？」

勃比回答：「我們家未來的律師三歲了，未來的醫生則已經七歲了。所以，我應該付給你六美元，先生。」

櫃台後的年輕人有點驚訝地說：「嘿，先生，你是剛剛中了樂透彩還是得了其他好處？你本來可以為自己省三美元的！就算你告訴我你的大兒子未滿六歲，我也看不出來有什麼差別。」

勃比回答道：「對，你的確不會看出其中的差別，但是我的孩子們會知道。身為他們的父親，我有責任不讓他們小小年紀就學會如何欺騙別人。」

每個人在自己的人生當中，都同時扮演著不同的角色，是孩子的父親、妻子的老公、父母的兒子、上司的部屬……每一個角色，都各有處事的準則。

這些角色的扮演中，人們很容易因為某些原因而陷入迷思，讓該扮演的角色模糊不清。這時，就是最容易顯現出本性的時候。

相信有些人碰上勃比·萊維斯的狀況時，會選擇謊報孩子的年齡。畢竟，貪小便宜是人性的弱點之一。

讓我們再看一個例子。

在華盛頓舉辦的第四屆全國拼字大賽中，南卡羅來納州的代表，十一歲的羅莎莉·艾略特一路過關斬將進入決賽。當她被問到如何拼「坦率地承認」（avowal）這個詞時，她輕柔的南方口音，使得評審委員們難以判斷她所說的第一個字母到底是A還是E。

委員們商議了幾分鐘之後，將錄音帶倒帶後重聽，仍然無法確定她的發音是A

還是E。最後，主評約翰．洛伊德決定將問題交給唯一知道答案的人。

他和藹地問羅莎莉：「妳的發音是A還是E？」

透過他人低聲議論，羅莎莉已經知道這個字的正確拼法應該是A，但她毫不遲疑地回答，她拼的字母是E。

主審約翰．洛伊德驚訝地問羅莎莉：「妳應該已經知道正確的答案了，如果妳回答A，就可以獲得冠軍的榮譽，為什麼還要說出錯誤的發音呢？」

羅莎莉天真地回答說：「我願意做個誠實的孩子。」

當她從台上走下來時，幾乎所有觀眾都為她的誠實熱烈鼓掌。

第二天，報上刊登關於這次比賽的短文〈在冠軍與誠實中選擇〉。短文中寫道，羅莎莉雖沒贏得第四屆全國拼字大賽的冠軍，但她的誠實卻感染了所有觀眾，並贏得他們的心。

若以一個參賽者的身分，獲得冠軍幾乎是比賽最重要且唯一的目標。因此，我們經常可以看到在許多比賽當中，出現「作弊」、「犯規」的爭議。一個平日形象再好的人，爲了獲勝都可能做出不公正的行爲來。

可是，羅莎莉卻選擇當一個誠實的孩子，因爲她能清楚地了解自己扮演的角色，並在其中選取最好的標準作爲圭臬。

就像身爲人父的勃比．萊維斯，或許他在其他生活上的小細節會有貪小便宜的情況出現，可是在孩子面前，他卻知道必須正確地引導他們，以身作則做出正確的示範。

一向都表現得很公正的人，碰上跟自己利益相關的事情時，都可能做出偏袒地行爲。因此，我們必須要提醒自己，碰上利益與道德良知的衝突時，更該想清楚自己該做什麼，該以什麼爲標準。

一味挑剔，不如學習改進

「挑剔」這樣的天性，或許是上蒼賜予人們追求進步的力量，因為愛「挑毛病」，所以才會不斷改進。

日本企業家稻盛和夫曾說：「人生的道路是由心來描繪的。所以，無論自己處於多麼嚴酷的境遇之中，心頭都不應任由悲觀消極的想法縈繞。」

愈是睿智的人，愈有寬容的胸襟，一個寬宏大量的人，愛心往往多於怨恨，樂觀、忍讓的圓融個性，讓他成爲一個眞正聰明有智慧的人。

一般人總是很容易看到別人的缺點，卻看不到自己的缺點，總是很容易看到自己的優點，卻看不到別人的優點。

其實，這是人性共有的盲點，殊不見，如果有人叫我們批評某人有那些不足的地方，我們通常可以在很短的時間就講出一大堆，甚至會用「雞蛋裡挑骨頭」的「挑剔精神」，去將別人的缺點一一地挑了出來。

然而，我們是否想過，如果我們有那個時間去挑剔別人的毛病，爲何不把這些時間，用來好好地充實自己呢？

在一個遊客衆多的風景區，經常會看到許多街頭畫家在那兒兜售自己的藝術天分，爲客人們作畫。

有的攤子前只有零零落落的客人分散在前面，有的畫家攤前連一個人都沒有。當中，有一個矮小、不起眼的畫家生意出奇地好。他的畫攤周圍聚集了很多人，不僅觀賞他作畫，也排隊等著他爲自己畫上一幅。

一天，某個同行對於這個情況感到十分好奇，覺得自己的畫功不錯，爲什麼總是沒有生意上門，於是也擠進人群之中，想一探究竟。

「幫我也畫一幅吧！」一個沒耐性的年輕小夥子突然插隊，並一屁股坐到模特兒專用的小木椅上。

「他的衣著邋遢，尖嘴猴腮，看起來就很討人厭。」同行在心裡暗暗想著，「這副模樣還敢當眾請人為自己作畫，難道不覺得丟臉嗎？」

畫家上上下下打量這個年輕小夥子，神情異常專注。幾分鐘後，畫家示意小夥子調整身體位置以及眼神方向，待一切準備就緒之後，他便奮筆疾書，沒幾分鐘，一幅畫就交到小夥子的手上。

大家紛紛湊過來一睹為快。哇！像極了！這的確是人們對年輕小夥子的第一印象，他有幾分神似當紅影星，畫中人物面容稜角分明，雙目炯炯，更讓他的特點突顯出來。

小夥子拿著畫作端詳了老半天，沒想到長相不出色的自己，在畫家筆下竟會有如此迷人的神韻，於是眉開眼笑，十分滿意地離去。

下一個客人是一個看起來很沒水準、腦滿腸肥的商人。在畫家筆下，竟變得慈眉善目、笑容可掬；另一個原來兇神惡煞的彪形大漢，在畫家筆下也變得豪放剛毅，像個梁山好漢般令人敬畏。

這時，前來刺探敵情的畫家才恍然大悟。

這位瘦小畫家的高明之處就在於他總能用心捕捉被畫者的本質，然後將它放大，因此畫作廣受大家歡迎。

當我們表達對一個人、一件事的觀感時，十之八九會在看法中摻雜一兩個負面聲音。這是因爲我們都有一種潛在的天性——愛挑毛病。

因而看到、聽到、想到的任何事，無論再怎麼接近完美，總會有不滿意的地方。這樣的天性，或許是上蒼賜予人們追求進步的力量，因爲愛「挑毛病」，所以才會不斷改進。

可是，當「挑毛病」的習性過度發展，甚至成爲「挑毛病專家」時，那可是一種大麻煩。因爲，會當上「挑毛病專家」的人，必定過得非常不快樂，看什麼都不順眼，什麼都不合意。

就像那位生意不好畫家一樣，在他自負的「美感」眼中，每一個人都不完美，甚至是醜陋的，看不到在表象之下的「內在美」。

反觀瘦小的畫家之所以勝人一籌，就在於他能找出一個人最美的本質，並將它忠實地畫下來。

這當中的差距，不是畫功的高強，而在於有沒有欣賞他人優點的眼光。

別讓自己成爲一個「挑毛病專家」，在注意別人缺點時也別忘了觀察對方的優點，該警惕的注意，該學習的牢記。

你爲什麼窮得只剩下錢？

每個人都該有自己生活的格調和態度。若因為「錢」而讓自己喪失自我，那麼縱使擁有的錢再多，人生也不會有太多價值。

當我們春風得意的時候，不妨捫心自問一下，如果將自己名片上的頭銜拿掉，將自己銀行存摺的數字全部歸零，將自己名下的不動產全部捐出去，我們到底還剩下什麼？

懂得用這個問題來提醒自己，那麼就比較不爲因爲一時的得意，就忘記自己原來的樣子。

這幾年，經常會聽到有人會用「窮得只剩下錢」這句話，來暗諷一些自以爲

有錢就是老大的「有錢人」，因爲，這些財大氣粗的有錢人，往往認爲任何事情，只要有錢就可以解決，卻不知道在人生過程中，有很多東西是擁有再多金錢也買不到的，譬如親情、愛情、自信、智慧……等等。

一群人圍著一輛高級跑車，伸長脖子往裡張望。轎車旁站著一身名牌西服的男人，焦急地對大夥喊：「你們誰能幫我爬到車底把螺絲轉緊嗎？」

他身旁那位打扮時髦的女子說：「做得到的有錢拿喲！」

於是，他趕緊掏出一張千元鈔票：「誰幫我轉緊，這錢就是他的！」

一個小夥子動了一下，卻被他的同伴拉住了：「有錢人的話，信不得！」

過了一會兒，一個小孩走了過去說：「我來吧。」

小孩在車主的指揮下很快就弄好了。爬出來之後，他用期待的眼神看著車主。

車主正要把那張鈔票遞給小孩時，卻被車裡的女人斥喝住：「你還眞給他啊？給他一百塊就夠多了！」

車主從女人手裡接過一百元遞給小孩，小孩搖了搖頭。這時，人群中傳來噓聲，車主只好又加了一百，小孩子還是搖頭。車主生氣了，「你嫌少？再嫌，這兩百塊也不給你啦！」

「不，我沒有嫌少。我的老師說過，幫人是不要求報酬的！」

車主聽了不耐煩地說：「那你怎麼還不走？」

小孩認眞地回答：「我在等你跟我說謝謝！」

一句簡單的「謝謝」這種基本的禮貌，車主卻一點也不懂！因爲他已經將生活「物化」，認爲所有事，只要用「錢」就能解決，甚至有錢就可以罔顧做人原則，說話不算話。這是一件可悲的事，因爲對他來說，人生中沒有眞摯的感情、眞心的付出、眞正關懷自己的人。唯一擁有的，大概只剩下名片上的地位和頭銜。

聞名世界的德國音樂大師路易．貝多芬有個弟弟叫約翰．貝多芬。兄弟倆雖然是同一個媽媽所生，個性卻迥然不同。一個是藝術的熱衷者，一個則是愛錢如命的

市儈。

一八二三年，約翰發了橫財，並買了一大塊土地。這位自命不凡的富翁便得意地給他的哥哥送上一張名片，炫耀自己的富有，名片上大大地印上「約翰·貝多芬，土地的所有者」。

名片很快就送到貝多芬手裡。大藝術家看到這張名片，對弟弟的富有不屑一顧。他從容地提筆，題上了幾個字：「路易·貝多芬，智力的所有者。」然後，派人將名片送回弟弟那裡。

爲什麼「有錢人」總是讓人感到粗俗不堪？

爲什麼人只要一有錢，態度就會轉變？

有錢人的態度之所以讓人不屑，並非「有錢」所致，而是「有錢」讓他們以爲自己就有權發揮那些潛藏在心中的「惡習」。

「恃強欺弱」這種觀念，其實一直存在人們的心中，只是以不同的形式表達出來。在這個物質社會裡，擁有較多「生存」條件的人，也擁有優勢。因此，鈔票、資產多的人，表現出的態度也會較爲強勢。這在弱肉強食的生物競爭中，似乎是很平常的事。

然而，將這些「資產」當作勢力眼、瞧不起別人的利器，自以爲高人一等，該享有特別待遇條件的人，明顯是是個人修爲出了問題。很可惜的是，許多像約翰·貝多芬這類的人不少，以爲「錢」就能代表一切，就應獲得他人的尊敬。殊不知，光是有錢是買不到尊敬的。

不管有錢沒錢，每個人都該有自己生活的格調和態度。若因爲「錢」而讓自己喪失自我，那麼縱使擁有的錢再多，人生也不會有太多價值。

多觀察，才不會受騙上當

要騙人很容易，可是要不被騙卻很難。我們應該對聽到、看到的事情多加思考，才能避免上當受騙。

如果有人想在短時間，讓你相信他的謊話，並不是一件困難的事。其實，最高明的謊話，大多出八十%的真話和二十%的假話組合而成，因此，才會讓那些上當受騙的人，在還不知道自己被騙之前，對對方的謊話那麼深信不疑。

有些人甚至在發現被騙之後，還一直不肯接受事實，不願相信那麼誠懇老實的對方會騙自己。

塔諾普爾城住著一個名叫費威爾的人。有一天，他正在屋子裡認眞地看書，忽然聽到外面一陣吵鬧聲。

他走到窗前，看到一大群孩子在玩，想把他們趕走，於是打開窗子對孩子們說：「孩子們，快到教堂那裡去吧。你們在那兒會看見一隻海怪。牠有五隻腳、三隻眼睛，還有像山羊一般的鬍子，不過是綠色的！」

孩子們一聽這話馬上就跑了，費威爾先生回到書房，一想到剛才對那些對孩子編的瞎話，不禁偷偷地發笑。

可是不久之後，短暫的寧靜又被打破了，這回是一陣奔跑的腳步聲。他走到窗前，看見許多人往同一個方向跑。

「你們要跑到哪兒啊？」他大聲地問。

「去教堂！」猶太人回答說，「你沒聽說嗎？那兒有隻海怪，有五隻腳、三隻眼睛，還有像山羊一般的鬍子，不過是綠色的。」

費威爾先生得意地笑了笑，沒想到自己亂編的話，竟然連猶太人都相信了，於是他又回去讀自己的書。

才剛剛坐下，又聽到外面一陣喧鬧聲。他往窗外一望，不得了啦，一大群人，男男女女，老老少少，全都往教堂的方向跑。

「出了什麼事？」他大聲問道。

「天哪！怎麼，你還不知道嗎？」他們回答說：「就在教堂前面有一隻海怪。牠有五隻腳、三隻眼睛，還有像山羊一般的鬍子，不過是綠色的！」

人們匆匆跑過，費威爾先生忽然注意到拉比也在人群當中。

「天哪！」他喊道：「要是拉比也和他們一塊兒跑的話，一定是眞的出什麼事了，畢竟無風不起浪。」

費威爾先生慌忙地抓起帽子離開家門，也跟著跑了起來。

在基督教的《馬可福音》中，「拉比」就是「夫子」，也就是「老師」的意思。這也是爲什麼費威爾會被自己編出來的謊言欺騙的原因。

如果仔細觀察社會案件，那些連教授、專家等高級知識分子都會受騙的詐欺案，往往有幾項特徵，除了最常見的貪小便宜之外，就是攀權附貴和以貌取人的心理。

人總希望獲得他人的尊敬，提升自己的地位。因此，認識一個上流社會的名人，就算不能從對方身上得到什麼好處，好歹也能將名字拿來撐場面，說些「我認識某某人」之類的話。也因此，有些人很喜歡跟名人合照，然後高掛在辦公室或是家中客廳。

再來，人喜歡以貌取人，只要適當的打扮，談吐上再下些功夫，就可以簡單地將別人唬得一愣一愣。

曾聽過一個阿婆在受騙後說：「他說他在某公司當總經理，這樣的人的應該不會騙人吧？」

當然，這又是個利用人性的欺騙手段，只要穿著西裝、打上領帶，再隨便說間大公司的名號，就能夠獲得他人信賴。

謊言說久了，就會變成眞的，若再加上有力人士再三保證，簡直無懈可擊。更可怕的是，連說出謊言的人也會被自己催眠，對自己胡說的話語堅信不疑，這或許就是一種自欺欺人吧？

要騙人很容易，可是要不被騙卻很難。我們應該對聽到、看到的事情多加思考，多加觀察，才能避免上當受騙。

Part 7

改變心態，就會改變未來

人生中有許多不變的真理，支持我們前進。
如果我們能在這些不變的真理中尋求改變，
就能讓自己從不如意的際遇中脫穎而出。

思想不受限制，才能活得多彩多姿

做事不順利、不如意的時候，就轉個彎，想個別的辦法。
只要不給自己太多限制，就能讓生命活得更多彩多姿。

「窮則變，變則通。」這句話每個人都可以朗朗上口，然而，一旦遇到需要做改變的關鍵時刻，自己卻又會一股腦地往牛角尖鑽。

其實，在人生過程中，很多走不通的路、無法解決的問題，往往只要我們懂得轉個身、調個頭，問題就會迎刃而解，但是，我們卻老是因爲自己的執著，喪失可以輕鬆解決問題的機會。

很久很久以前，人類還沒發明鞋子，大家都赤著雙腳走路。

有一天，一位國王到某個偏遠的鄉間旅行，因為路面崎嶇不平，有很多碎石頭，刺得他的腳又痛又麻。回到宮中之後，他下了一道命令：將國內所有道路都鋪上一層牛皮。

他認為這樣做，不只為了自己方便，還可造福他的人民，讓大家走路的時候不再受刺痛之苦。

但即使殺盡國內所有的牛，也籌措不到足夠的皮革，而且所花費的金錢、動用的人力，更是龐大的開銷。這根本是一項難以做到，甚至愚蠢的命令。不過，大家都不敢違抗國王，只能搖頭嘆息。

這時，一位聰明的僕人想到一個好主意，大膽地向國王提出建言：「國王啊！為什麼您要勞師動眾，犧牲那麼多頭牛，花費那麼多金錢？何不用兩小片牛皮包住您的腳呢？」

國王聽了很驚訝，當下領悟，於是立刻收回成命，改採這個建議。據說，這就是「皮鞋」的由來。

窮則變，變則通。這條路走不通，換條路走就是了。既然無法用牛皮覆蓋全國的土地，那就把牛皮包在腳上，踏遍全國土地不也一樣嗎？

我們常常見到許多做事非常認真的人，生活或事業上也小有成就，但就是無法妥協，不知變通，讓人頭痛。

認真，是一種優點，但是認真過了頭，就會變成固執。偏偏有許多人固執己見，不肯讓自己的腦袋轉個彎，換個想法來面對問題，一旦計劃趕不上變化，就會被時代淘汰。

我們要懂得適時跳出生活的框框，並不是凡事都得按既定的規劃做，遇到緊急狀況，必須立即做出判斷和行動。

至於該怎麼變，就看個人功力了。

被公認爲最聰明的猶太人說：「這世界上，賣豆子的人應該是最快樂的，因爲他們永遠不必擔心豆子賣不出去。」

爲什麼呢？因爲，假使豆子賣不完，可以把豆子磨成豆漿。如果豆漿賣不完，可以製成豆腐。豆腐賣不成，變硬了，就當作豆腐干來賣。要是豆腐干賣不出去的話，就把這些豆腐干醃起來，變成豆腐乳。

除此之外，還有另一種選擇：加上水讓豆子發芽，幾天後就可改賣豆芽。豆芽如果賣不完，就讓它長大些，變成豆苗。如果豆苗還是賣不掉，再讓它長大些，移植到花盆裡，當作盆景來賣。如果盆景賣不出去，再把它移植到泥土裡，讓它生長。幾個月後，它結出了許多新豆子，一顆豆子變成了上百顆豆子，想想那是多划算的事啊！

從這個賣豆子的理論中，我們見識到猶太人的過人之處。他們並不給自己太多限制，做事不順利、不如意的時候，就轉個彎，想個別的辦法，因此，可以把豆子做最大的利用，一點也不浪費。

同樣的，我們的人生也可以如此運用，只要不給自己太多限制，就能讓生命活得更多彩多姿。

與其束手無策，不如放手去做

面對困境，束手無策時，何不換個角度想想，反正再糟糕也不過如此，乾脆放手去做，說不定會有個意外的突破。

有些人在束手無策的時候，往往會讓自己停在原地，不知所措。但是，換個角度想想，如果我們試著將「束手無策」當成是老天送給自己的一個自由發揮的「禮物」，那麼在不受任何章法束縛的情況下，說不定會獲得令自己意外的結果。

面對失意和挫折的時候，千萬不要因爲束手無策就自暴自棄，而是試著將失意和挫折，當成自己重新開始的機會。只要懂得這層道理，那麼也許就可以在放手去做之後，創造出連自己都無法想像的成功。

有一段時間，在政治上受到打擊的邱吉爾整日神情抑鬱、不發一語。全家人看在眼裡，急在心裡，不知該如何安慰他。

當時，邱吉爾的鄰居是位女畫家，家裡常常堆滿了各式各樣的顏料、畫筆、畫布，以及一幅又一幅的作品，邱吉爾全家常常有機會欣賞那位鄰居的傑作。後來，在家人建議下，邱吉爾開始和鄰居學習油畫。

政治舞台上一向敢作敢爲的政治家邱吉爾，面對那張乾淨整潔的畫布卻遲疑了半天，不敢畫下一筆，生怕出了一點差錯，會毀了雪白的畫布。女畫家見了，拿起所有的顏料，全部倒在畫布上。

見到她的舉動，邱吉爾起初愣了一下，但是見那畫布已經滿是顏料了，索性拿起畫筆，開始在畫布上任意塗抹起來。就這樣，邱吉爾畫出了他的第一幅作品，雖然不完美，卻是一個很大的突破。

以前有部電影，女主角的母親將裝滿各式各樣顏料的氣球綁在畫布上方，然後用飛鏢隨意亂射，讓流下的顏料在畫布上譜出一幅美麗畫面。筆者也曾見過一位美術老師將墨水裝在針筒裡，利用噴射的方式作畫。

或許有人感到疑惑，這種「不保險」、難以控制的作畫方式，眞能創造出一幅好作品嗎？

這點沒人可以保證，但是可以確定的是，這種有創意，且大膽的做法所呈現的結果，至少比苦思許久都無法動手，而留下一片空白來得好。因爲，即使不是「完美」，卻是個「開始」。

邱吉爾放開手腳開始畫畫，經過不斷的練習後，終於在畫技上有了明顯的進步。最後，他不僅爲畫壇留下大量思維大膽、風格迥異的油畫作品，還恢復了自信，東山再起，在英國甚至全世界的歷史上創造了一番驚人的成績。

有句話說「好的開始是成功的一半」，相對的，「壞的開始」，難道就不能

是成功的一半嗎？

當你買了一輛新車時，可能因為小心呵護過了頭，在顧慮東顧慮西的情況下，無法「盡情」地使用。當有一天，愛車不小心刮了一道傷痕，不再完美無瑕時，你才會「捨得」好好使用、發揮它的用處。反正都有了瑕疵，再多幾道也無所謂，甚至不用擔心小偷覬覦。

這時的你，才能真正享用這輛車帶給自己的方便和樂趣之處。

事情有個「壞的開始」時，帶給多數人的是挫折和打擊，有人甚至放棄，但是對某些人來說，或許是另一個開始。

面對困境，束手無策時，何不換個角度想想，反正再糟糕也不過如此，乾脆放手去做。在「不綁手綁腳」的情況下，說不定會有個意外的突破。

甜言蜜語通常暗藏其他目的

聽到他人對你的恭維時，要動動腦，想想甜言蜜語的背後是否有其他目的，不要因為一時得意，而忘了必須多加考慮。

每個恭維的背後，其實都隱藏著「有求於人」的味道，因此，千萬不要因爲別人講你幾句「好話」，就高興到連自己姓什麼叫什麼都忘記了。

萬一你高興之餘，不假思索地一口同意別人請你幫忙的事情，事後必然會後悔自己當初爲何那麼草率地答應別人的請求。

所以，下次別人恭維你的時候，必須提醒自己保持冷靜，不要因爲一時的「好心情」，就對別人接下來的請求照單全收喔！

有一天清晨，富蘭克林家門口來了一個男人，肩扛著一把大斧頭，一見到富蘭克林便和氣地說：「你好啊，小夥子！請問你家有磨刀石嗎？」

「有啊，先生。」富蘭克林據實回答。

「你眞是個好孩子，」他又說：「我可以借你家的磨刀石磨磨斧頭嗎？」

「當然行呀。」這個男人說話很客氣，富蘭克林爽快地答應了。

男人於是摸摸富蘭克林的頭，又問：「你多大了？叫什麼名字？我知道，你一定是個好孩子！你肯幫我把斧頭磨上幾分鐘嗎？」

聽了他的奉承話，富蘭克林高興極了，便使勁地幫他磨起斧頭來。那把斧頭又銹又鈍，富蘭克林磨得十分賣力，雖然手磨酸了、上學的時間快到了，斧頭也才磨好一半，不過他並沒有停止。

斧頭終於磨好後，富蘭克林以爲會得到一番讚美，沒想到那個男人卻突然粗暴地對他說：「喂，你這個懶惰蟲，上學時間到了，難道想逃學嗎？動作還不快一點！」

富蘭克林氣極了，他爲男人磨了一個早上的斧頭，得到的報酬竟然是挨了對方一頓臭罵！

由於幼時的「斧頭」事件，讓富蘭克林謹記在心，日後聽到別人恭維時，總會回想起那個扛斧頭的男人而自我警惕。

恭維的話人人都愛聽，就算內心知道根本不是那一回事，還是會忍不住小小開心一下。

恭維的話若以「禮貌」爲出發點，倒也無傷大雅。畢竟在現代社會，適度的「恭維」是必備的「禮節」。只是，千萬要小心，過度的「恭維」，有另一個更貼切的名詞，就叫做「拍馬屁」。

我們都知道，稱讚一個人是有限度的，除去了鼓勵的善意和場面話外，就是有所目的，出發點並不單純。相信每個人都曾碰過被人推銷的經驗。仔細回想，

通常讓你拿出錢包，掏出鈔票，是眞的很喜歡並清楚這項商品，還是被推銷員「美言美語」誇讚得昏頭轉向呢？

當我們有求於人時，身段難免放低點。同樣的，當別人對我們有所目的時，自然也會拍拍馬屁，讓你心花怒放，一切就好商量多了。就算當下沒有馬上提要求，難保他日不會找上門來。

下次聽到他人對你的恭維時，得意之際也要動動腦，想想甜言蜜語的背後是否有其他目的，不要因爲一時得意，而忘了必須多加考慮。

面對問題需要無比的勇氣

如果我們不能正視問題、不願努力解決困境，任憑謊言埋沒自己，在失意的環境中墮落，一生就只能活在虛假中。

遇到無法解決的問題，通常第一個反應就是選擇逃避。雖然我們都知道對問題視而不見，並不會讓問題消失不見，但是，在那個當下，卻會以爲除了逃避之外，根本想不出更好的方法。

逃避終究不是辦法，遇到問題之時，要求自己直接去正視問題、面對問題，或許無法立即找出解決的辦法，但至少代表你是一個願意面對問題，對自己誠實的人。

西班牙著名畫家戈雅是個不肯爲金錢、地位而出賣人格的人。他多次爲上流社會的達官貴人畫像，每次都巧妙地諷刺了他們的荒淫無恥。

有一次，西班牙國王把戈雅召進宮裡，對他說：「你是我國最傑出的畫家，只有你才配替王室貴冑畫像。今天找你來，是要你爲我畫一張全家像。畫好後我會重重獎賞你。」

畫完成後，戈雅請國王過目，國王看了大吃一驚：全家十四個人，卻只有六隻手。國王怒氣沖沖地問道：「這些人的手呢？」

「我不知道！」戈雅答道。

國王硬要他添上，他堅持不肯。在他看來，這些王子王孫都是吃軟飯的寄生蟲，只有嘴，沒有手，所以畫上當然找不到那麼多手囉。

又有一次，一個博士請他畫自己的肖像畫。

這人是個僞君子，表面上道貌岸然，實際上心狠手辣，不但搶走朋友美貌的妻子，還將朋友殺了。

戈雅不動聲色地替博士畫了像。博士看完後，高興地說：「聽說你很難得爲人畫手，這次你竟然將我的兩隻手都畫上了，我眞感榮幸。」

戈雅冷笑說：「你知道我爲什麼要把你兩隻手都畫上嗎？我就是要讓人們看看你那雙殺人的『兇手』！」

博士聽後大吃一驚，仔細地看了畫上自己的雙手，果然血污隱約可見，頓時氣得臉色發青。

說謊的經驗相信人人都有。大多數人在說謊時，都會有一些小動作出現，比方臉紅、心跳加速、搔頭、抓耳，眼睛不敢直視對方等等，那是因爲欺騙別人時，內心會不安、惶恐，所以才會有那些舉動。

可是，我們欺騙自己時，卻可以臉不紅氣不喘。是因爲對自己說謊就無所謂嗎？其實，這樣的傷害反而是最大的。

對自己說謊，就像鴕鳥碰到危險將頭埋進沙堆一樣，雖然以為看不見，危險還是存在。如果我們不能正視問題、不願努力解決困境，任憑謊言埋沒自己，在失意的環境中墮落，一生就只能活在虛假中。

國王和博士都屬於「自我欺騙」型，以為畫中的自己，就是生活中眞正的自己。在社會地位和權勢威脅之下，大概也只有戈雅敢畫出眞正的事實了。

面對問題，面對自己都需要無比的勇氣。

越戰期間，美國一位名叫湯普森的士兵，在一次伏擊戰中，為了使被美軍俘虜的九名越南平民免遭屠殺，竟然掉轉槍口，對準自己的戰友說：「你們開槍，我也開槍！」

湯普森的舉動讓戰友們目瞪口呆，事後遭到美國軍方嚴密調查。幾十年後，美國一家媒體以「誰是你心中的英雄」為題進行民調。

沒想到被選出的人當中，除了已故的總統林肯、華盛頓等風雲人物，竟然還有這位湯普森，而且票數頗多。

戰爭，常使人蒙蔽了良知的雙眼。戰爭底下常可聽見交戰的國家以「正義」

爲名，實則爲了自己的利益而公開說謊，造成濫殺無辜的悲慘案例。

無論如何，人都不該對自己說謊，就像湯普森沒辦法欺騙自己那群手無寸鐵的村民是擁有致命武器的敵人一樣，因此，他冒著生命危險，選擇挺身而出，阻止這場濫殺無辜的行爲。

這樣的行爲，使原本只是無名小卒的他成爲美國人民心目中的英雄。

支持的聲音最能打進人心

失意時別害怕尋求支持的聲音，不論是內尋或外求，不管是實質或心靈，只要能讓自己重新站起來，就已足夠。

想安慰一個失意的人，開始，不能用「嘴巴」，而是要用「耳朵」。必須先用「耳朵」去傾聽這個失意的人的抱怨和牢騷，以及心中的感受，然後，等對方的「垃圾」倒得差不多了，再表達自己的支持和鼓勵，或提出確實可行的建議。

千萬不要一開頭，就開始搬出一些大道理，對著這個失意的人講個不停，這不但無法達成目的，相反的，只會讓對方對你反感。

馬克是一個品性不好的人，平日好吃懶做，還有順手牽羊的惡習。再加上他十分好賭，因此時常向人借錢。可是，等到一有錢，他卻又跑去賭博不肯還錢。所有的人都很討厭他，沒有人肯再借錢給他。即使他表示自己借錢是想做個小買賣，重新振作，也沒人願意相信他的話。

在走投無路，沒有人願意接受他，連三餐都成了問題的情況下，他跑去投靠一個遠房親戚，以爲她還不知道自己的底細。

遠房親戚看馬克如此潦倒的模樣，便請他進門，並準備了非常豐盛的一餐招待他。馬克在親戚家休息了一晚，也仔細觀察了她家的擺設，打算離開時順手牽羊，帶一些貴重物品變換現金當賭本。

第二天早上，馬克正享受美味的早餐時，親戚突然拿了一千塊給他，並告訴他：「曾有人打電話告訴我，你借錢從來不還，要我小心，千萬別借錢給你，但我相信你不是這樣的人，也許他們對你有所誤解。」

這句話帶給馬克很大的震撼，原來對方早已知道自己的狀況，仍然如此友善地對待自己。他拒絕了親戚借給他的一千塊，只拿了她準備給自己的乾糧，說了一聲「再見」就走了。

馬克離開了家鄉，到外地打拼。過了半年，那名幫助過他的親戚，在聖誕節收到馬克寄來的一份精美禮物，和一隻又肥又大的火雞。三年後，馬克衣錦還鄉，把從前欠的錢全部還清了。

因爲那位親戚的善意，讓他知道自己的人生還有希望，他要努力重新獲得他人對他的信任，再也不做個騙子了。

對馬克來說，最珍貴的不是親戚願意借錢給他，而是對他的信任。因爲這個堅定的支持，讓馬克的人生從此改變。

一個失意的人，最需要的就是得到一句誠懇且溫柔的話語。可是，我們總是習慣「教導」別人「最正確」的做法，忽略了對方內心最需要的呵護、關懷。該怎麼做才是「最正確的」，相信他自己心裡也知道。可是他的情緒是沮喪、鬱悶的，就算能接受他人的建議，也不一定能實行。還不如靜靜陪在他身邊，給些溫暖的安慰。

有個人能在背後支持、關心，就能讓自己更有勇氣跳脫傷痛，繼續努力，往夢想前進。當我們感到生活壓力，情緒低落時，不妨想想那些支持自己的人，不管是父母、手足，還是朋友，相信無論如何，都有他們作爲堅強的後盾、安全的避風港，這麼一想，就能帶給自己力量和勇氣。

失意時別害怕尋求「支持」的聲音，不論是「內尋」或「外求」，不管是實質或心靈，只要能讓自己重新站起來，這些都是最溫馨的力量。

改變心態，就會改變未來

人生中有許多不變的真理，支持我們前進。如果我們能在這些不變的真理中尋求改變，就能讓自己從不如意的際遇中脫穎而出。

俄國作家契訶夫曾經寫道：「困難和折磨對於人來說，是一把打向壞料的錘，打掉的應該是脆弱的鐵屑，鍛成的將是鋒利的鋼刀。」

確實如此，困難能孕育旺盛的精神力量，克服困難就是獲得勝利的重要契機。如果我們能換個心情面對眼前的棘手事情，就不難明瞭，唯有最艱困的環境才能淬礪出最非凡的人物。

想要成功，其實沒有什麼秘訣，那就是必須懂得從成功和失敗的經驗中記取教訓，求新求變，而不是一直重複拷貝自己。在這個競爭激烈的社會，只有勇於求新求變才能擁有璀璨的未來。

千萬不能因為一點小小的成就便自滿，就不繼續思考如何精進自己。或許，有人會認為，既然自己目前的成功方程式，有八九成的成功機率，又何必大費周章地去做改變呢？然而，世界是變動不羈的，這種抗拒改變的心態，只會讓你失去未來。

孤兒托馬斯十二歲那年隱瞞了真實年齡，到一家商店的冷飲部門當收銀員。當商店的經理得知托馬斯還不滿十六歲時，便當場將他解雇了，因為聘用童工是不合法的。

托馬斯刻薄的養父知道後，氣得臉色發青，怒斥道：「你怎麼那麼蠢，讓人家發現你未滿十六歲。你這個豬腦袋是永遠也保不住你的飯碗的！」

這句話深深地印在托馬斯的腦海中，每當他面對挫折和困難時，就會用此提

醒、激勵自己更賣力的工作，絕對不能成為養父嘴裡的豬腦袋。

托馬斯三十五歲那年，事業上終於有所成就。他從事的飯店餐館業，不但在社會上有穩定名聲，還讓他成為百萬富翁。

一六九九年，托馬斯開了第一家自製漢堡餐館。他選用最新鮮的牛肉為材料，並在顧客點餐時，才現做牛肉餅；出售時才直接從爐子裡拿出熱騰騰、香噴噴的漢堡麵包。

托馬斯的漢堡特別受人歡迎。因為他強調一切現做，新鮮又好吃，而且光顧托馬斯餐館的顧客們還可以根據自己的喜好，選擇各種調味品。

此外，還有專門為孩子們製作的漢堡，不論份量大小及營養度，都是為成長中的孩子特別設計。

這種新穎的經營方式和食品特色，吸引越來越多的顧客，即使點完餐需要稍候一陣了，大家也等得很高興。

深受社會歡迎的「自製漢堡餐館」順應時勢，開起大大小小的分店。據統計，平均三天的時間，托馬斯就新增一家餐館。

很快地，托馬斯的餐館遍佈美國，走向海外。八年後，他擁有第一千家餐館；又三年之後，托馬斯興高采烈地為他的第二千家餐館剪綵。

在這世界上，沒有一個人不曾受過委屈，就算貴為一個國家的元首，也有不如己意的時候。

有的人受了委屈，選擇退縮；有的人則是咬緊牙根忍耐，繼續前進，也因此造就出不同的人生來。

托馬斯並不因為養父刻薄的話語，就放棄自己的人生，反而以此自我激勵，努力向上，這是他成功的第一步。

然而，光是有拼勁是不夠的，還必須找到有效的方法，才能闖出一片天。漢堡在當時已經非常普遍，而且每家店都擁有一定的消費群，若秉持老式販賣方法，所得的也只是和同業共享一塊大餅。

托馬斯在「不變」中尋求「改變」。他改良了漢堡的販賣法式，並讓客戶參

與製作過程。這項貼近人心的做法，果然獲得廣大迴響，不但得到漢堡市場這塊大餅的多數客戶，還開發了許多新客源。有些不吃漢堡的人，也會因爲可以選擇口味而購買。

從未失敗過的人絕對無法知道只有努力才能讓自己的人生得意，這就像一個射手，如果從來沒有失過手，也就永遠不能體會那種經過一番努力之後，再度命中目標的成就感。

人生旅程中有許多變動，是我們無法預料的，可是，也有許多不變的眞理，支持我們前進。如果我們能在這些不變的眞理中尋求改變，就能讓自己從不如意的際遇中脫穎而出。

不斷磨練自己，就不怕任何打擊

「樹大招風」，不見得是壞事，只要肯磨練自己、努力紮根，就不怕打擊，反而能藉著風雨的洗刷，讓自己更光彩亮麗。

一個人只要稍微有一點成就，往往會遭到身邊一些沒有成就的人嫉妒和眼紅。這是正常現象，千萬不能因爲怕被人嫉妒，就開始擺爛、不思上進。別人越是嫉妒，甚至暗地抹黑、打擊，就越要更加努力和精進。

面對別人不懷好意的抨擊，並不需刻意閃躲和逃避，從另一個角度來看待這種事，別人的這些言行，又何嘗不是對我們的另一種「肯定」呢？

某個週末，小敏和丈夫帶著兒子一起去爬山。走到半山腰時，他們看見一棵高大、挺拔的銀杏樹，樹冠幾乎要遮天蔽日。

「樹大了就結石頭嗎？」孩子突然問了一個奇怪的問題。

「樹怎麼可能會結石頭呢？」小敏答。

「那樹上爲什麼有石頭？」孩子指了指那棵大銀杏樹。

他們順著孩子的小手看去，果然，一棵大銀杏樹的樹枝上卡滿了小石頭，而且有些石頭已經「長進」了樹裡。

「那是別人扔上去的！」丈夫答。

「別人爲什麼不向另外那兩棵樹扔石頭呢？」孩子又問。

他們一瞧，果然，另外兩棵樹上，連一塊石頭也沒有。

丈夫停了下來不解地摸著下巴，小敏也找不出答案。

這時，從山的另一頭走來一個放羊的老人。

「爺爺，爲什麼那棵樹上有那麼多石頭？」孩子一看到人就抓著問。

老人摸了摸小孩的頭：「根杏是特殊的樹，有的結果子，有的不結果子。只有果實累累的大樹，才會被人扔石頭。」

這棵挺拔的銀杏樹因爲會結果子，所以遭人覬覦，現實生活中也不乏這種現象。當一個人名聲太大、在團體中過於突出，容易威脅到其他人的生存，因此容易招來嫉妒和毀謗。這無疑是一種人性心理，自己的利益受到威脅時，最好的方法就是把威脅者趕走。

也因此，老一輩的人常常教導我們，做人要懂得謙虛。這不僅僅是爲人處世之道，更是保護自己的方法。

可是，一個有才幹的人，最終必然會嶄露頭角，總不能一輩子「曖曖內含光」吧。當自己樹大而招風時，又該怎麼辦呢？

讓我們來看另一則「樹大招風」的故事：

一場風雨把一棵挺立的白楊樹連根拔起，倒在路旁。

白楊茂密、蒼翠的枝葉眼看就要枯萎了，它哭著說：「若不是我長得高大，怎麼會遭到這樣的下場呢？」

土地公公聽了，告訴白楊樹說：「孩子，看看你的左右，比你高大的樹木是不是依然挺立呢？他們經歷了同樣暴風雨的襲擊，卻能安然無恙。可見你倒地的原因不只是樹大招風，還是根底太淺啊！」

社會上，有許許多多的名人擁有閃耀的光環，同樣遭受流言攻擊，有些人能平安渡過，有些人卻傷痕累累。

這是因爲每個人所顯現出來的自我形象都不同，雖然同樣有名氣，有些人就是讓人景仰和尊敬，不受流言蜚語的影響。

當一個「能人」總有讓人眼紅的時候。只要自己的根紮得深，腳站得穩，就不用害怕狂風暴雨的襲擊。「樹大招風」，不見得是壞事，只要肯磨練自己、努力紮根，就不怕任何打擊，反而能藉著風雨的洗刷，讓自己更光彩亮麗。

多點忍耐，成功才會到來

在我們還沒有能力獨當一面時，就得多一點忍耐。即使當下感到委屈，也別太難過，只要熬久了，就能找到自己的天空。

一個人如果想要成功，就必須耐得住性子，而且，也必須忍受在能力比你差的前輩手下工作。

以初入社會的新鮮人來說，在事事講求階級倫理的公司上班，不論能力有多強，只要是新進的人員，就算再怎麼委屈、再怎麼不願意，也都必須「臣服」於資深幹部的麾下。

千萬不要覺得那些在上位的資深人員，能力沒有你優秀，就犯起「功高震主」

的毛病，否則，你就必須開始另外找工作了。想要出人頭地，就必須多一點忍耐，熬得別人對你的蔑視和屈辱。

有個實習生曾抱怨帶領自己的前輩爲人懶散，無心於事。能力不錯的他，因爲前輩的「拖累」，綜合評比成績不佳，讓原可很快嶄露頭角的他，遲遲未受到上級重視。有個和自己同期進入公司的實習生，早就連升三級了。這件事讓他忿忿不平，又無可奈何。

可是，突來的一件事，卻讓他「感激」起這個懶散的前輩。表現優良、連升三級的實習生被迫「辭職」了。

原來，他所處的機關是個資歷重於能力的機構。年資長的前輩才有資格「大聲」說話，新進職員那麼快嶄露頭角，幾乎功高蓋主，不爲他們所接受，自然被「請」出公司。

了解這樣情況的實習生，從此更加謹言慎行，默默努力往上爬，後來終於受到同事肯定和信任。

或許你會說，這個實習生既倒楣又可憐，爲什麼不換一間可以讓自己大展長才的公司呢？

的確，這也是一條路。可是，現實社會裡，諸如此類的事情比比皆是。身爲社會「新鮮人」，能選擇的並不多，只能珍惜現有的磨練機會。等到準備充分，一切就緒時，自然能找出一條最適合自己的道路。

人類爲了某種利益而形成「互助」關係，大自然也無時無刻在上演這類環環相扣的互助生態。

寄居蟹的模樣既像蝦又像蟹，頭胸部長著螯足，身上披著甲，背上還背著個螺殼，常在淺海的岩石上爬來爬去。螺殼是牠的「住宅」，但這個「住宅」的主人原是海螺。寄居蟹向海螺進攻，把牠弄死、撕碎，再將自己的腹部鑽進殼內，盤屈在裡邊。就這樣，寄居蟹強佔了別人的「住宅」。

這種寄居別人「住宅」裡的寄居蟹，還寄居了另一個「房客」——海葵。海葵身上長著多刺細胞，觸手有裝滿毒汁的泡囊，裡面還有帶刺的絲狀體圈，遇到敵害來臨，就從裡面射出毒汁來。

寄居蟹和海葵親密無間，同出同游，牠背馱著螺殼，荷著行動困難的海葵，四出覓食的同時，也幫助海葵尋找食物。海葵那副怪模樣，也隱藏和保護了寄居蟹。當寄居蟹長大，「舊居」待不下的時候，海葵就分泌一種特殊物質，幫助寄居蟹「擴建」房子。

雖然寄居蟹是個搶奪他人「房子」白住房的強盜，但我們不得不說牠很聰明，懂得自然界的生存原理，「互取所需」的互助之道。固然牠必須背負著海葵覓食，但海葵也給了牠幫助和保護。

同樣的，在我們還沒有能力獨當一面時，就得多一點忍耐。即使當下感到委屈，也別太難過，只要熬久了，就能找到自己的天空。

Part 8

別讓環境削弱志氣

有競爭才會有進步，
投身到一個大家能力都不如自己的地方，
除非很有毅力，懂得不斷充實自己，
否則很難前進。

把口頭安慰變成實際行動

只有能幫人解決實際的問題，才是最好的幫助。問題無關輕重，解決不分大小，只要來得巧，做得好，就是最好的幫助。

每當周遭的親友遭遇挫折的時候，我們常會用關心的口吻跟他們說：「如果有什麼需要幫忙的，儘管開口，不要不好意思……」

然而，以上這些「關心」話語，意味著如果對方沒有主動開口請求幫忙，就代表不需要他們的幫忙。像這種口頭式的關心，說穿了，就只是嘴巴說說而已，非但沒有一點實質的幫助，也無法幫對方解決任何實際的問題，只會讓對方欠我們一個「口頭人情」。

切記，想幫助別人的時候，要主動用行動幫助，而不是用嘴巴。

二十世紀五〇年代初期，有個叫丹尼爾的年輕人，從美國西部一個偏僻的山村來到紐約，發誓一定要闖出一片屬於自己的天空。

對於學歷不高的丹尼爾來說，要想在這座城市裡找到一份稱心如意的工作，簡直比登天還難，接連被多家公司拒絕過。就在他心灰意冷之際，幸運地接到一家日用品公司的面試通知。他興沖沖地前往面試，但是面對主考官有關各種商品的性能以及如何使用等問題，卻連一句話也答不出來。

眼看唯一的機會就要消失，丹尼爾忍不住問：「請問閣下，你們到底需要什麼樣的人才？」

主考官微笑地看著丹尼爾，告訴他：「很簡單，我們需要能把倉庫裡的商品銷售出去的人。」

主考官的話，讓丹尼爾領悟到，每間公司需要的，不都是能夠幫助自己實際解決問題的人嗎？既然如此，何不主動尋找那些需要幫助的人？不久，在當地一家報紙上，登出了一則頗爲奇特的啓事。文中有這樣一段話：「……謹以我本人人生信用作爲擔保，如果您或者貴公司遇到難處，如果您需要幫助，而我也正好具有這樣的能力可以給予幫助，我一定竭盡所能提供最優質的服務……」

這則並不起眼的啓事登出後，丹尼爾接到許多來自不同地區的求助電話和信件。原本只想找一份適合自己工作的丹尼爾，完全沒想到這則啓示會受到如此廣大的迴響。老約翰爲貓咪生下的小貓照顧不來而發愁，凱茜則爲自己的寶貝女兒吵著要貓咪找不到賣主而著急；北邊一所小學急需大量鮮奶，而東邊的一處牧場卻奶源過剩……諸如此類的事情一一呈現在他面前。

丹尼爾將這些狀況整理分類，一一記錄下來，然後告訴那些需要幫助的人如何解決他們的難題。同時，他也在一家需要市場推廣員的公司找到了適合自己的工作。不久，一些得到他幫助的人寄給他匯款，表示謝意。

丹尼爾因此靈機一動，辭了工作，註冊自己的公司，業務越做越大，很快就成爲紐約最年輕的百萬富翁之一。

當我們面臨問題，需要幫助時，若能及時得到援手，自然感激不盡了。如果這個援手確實解決了困境，更會讓求助者輕鬆不少，不必在求助過程中費力指導，還得時時擔心。

男女關係也是如此，有時也需要實際的幫助。

就是這樣的原理，腦筋動得快的業者推出掩護「外遇」的服務，幫忙偷腥的男女不被另一半察覺。除此之外，還有教導如何「外遇」的課程出現呢！這或許可以攀上本世紀最受客戶歡迎的行業之一了。

這反映出一個事實：只有能幫人解決實際的問題，才是最好的幫助。

眞心想幫助一個人，如果只有口頭上的安慰，不如化爲實際行動，想想怎麼做才能讓對方眞正得到「幫助」。就算問題不能完全解決，但也不是那種不痛不癢、千篇一律的加油和鼓勵。

問題無關輕重，解決不分大小，只要來得巧，做得好，就是最好的幫助。

別讓環境削弱了自己的志氣

有競爭才會有進步，投身到一個大家能力都不如自己的地方，除非很有毅力，懂得不斷充實自己、挑戰自我，否則很難有所成就。

法國思想家盧梭曾經寫過一段警語，值得患得患失的我們深思：「十歲被點心、二十歲被戀人、三十歲被快樂、四十歲被野心、五十歲被貪婪所擄，人到十麼時候才會變得睿智呢？」

這番話確實值得我們深自警惕。

人很容易在進入所謂的「舒服區」之後，就開始不思長進，想過著安逸無憂的日子。這是每個人與生俱來的惰性。

我們往往會因爲所處的環境沒有競爭的對手，就停止充實自己的動作，就會像「龜兔賽跑」故事中的那隻兔子一樣，心想反正烏龜的速度那麼慢，即使自己在路邊睡個覺，烏龜也照樣趕不上自己，何必那麼認眞地跑呢？

如果你有「兔子」這種「反正」的心態，那麼你的志氣很容易就會被自己所處的環境消磨殆盡。

一心大師剛剃渡的時候，在法門寺修行。

法門寺是個香火鼎盛、香客絡繹不絕的名寺，每天晨鐘暮鼓，香客如織。

一心想要靜下心神潛心修身，但法門寺的法事應酬過於繁瑣，讓他疲於奔命。加上自己雖然青燈黃卷苦苦習經多年，但談經論道起來，還是遠遠不如寺裡的許多僧人。

有人勸一心說：「法門寺是個名滿天下的名寺，水深龍集，納集天下許多名僧，想在僧侶中出人頭地，困難重重啊！不如到一些偏僻小寺中閱經讀卷，這樣一來，你的才華就會很快展露光芒了。」

一心思忖良久，覺得這話很有道理，便決意辭別師父，離開這高僧濟濟的法門寺。打包好行李，他便前去向方丈辭行。

方丈明白一心的意圖後，問他：「燭火和太陽哪個更亮些？」

一心說：「當然是太陽了。」

方丈說：「你願做燭火還是太陽呢？」

一心不假思索地回答道：「我當然願做太陽！」

方丈微微一笑說：「我們到寺後的林子走走吧。」

法門寺後是一片茂密的松樹林，方丈將一心帶到一座山頭上，那裡樹木稀疏，只有一些灌木和三兩棵松樹。

方丈指著其中最高大的一棵說：「這棵樹是這裡最大最高的，可是它能做什麼呢？」

一心繞著樹看了看，這棵松樹亂枝縱橫，樹幹又短又扭曲，便說：「它只能劈來做煮粥時燃燒的柴薪。」

方丈又帶著一心來到一片鬱鬱蔥蔥的林子裡。方丈問：「為什麼這裡的松樹每一棵都這麼修長、挺直呢？」

一心說：「是為了爭著承接天上的陽光吧！」

方丈鄭重地說：「這些樹就像芸芸眾生啊，它們生長在一起，就是一個群體，為了爭得一縷陽光，一滴雨露，它們奮力向上生長，棵棵都可能成為棟樑之材。但遠離群體，只有零零星星的三兩棵松樹，陽光全都屬於它們，雨露也能恣意享受，在灌木中鶴立雞群，沒有樹和它們競爭，所以只能成薪柴。」

一心聽了，思索了一會兒，慚愧地說：「法門寺就是這一片蒼蒼大林，而山野小寺就是那些遠離樹林的樹。方丈，我不會再離開法門寺了！」

在法門寺這片森林裡，一心苦心潛修，後來終於成為一代名僧。

西漢司馬遷《史記》裡的〈蘇秦傳〉中有句話說：「寧為雞首，勿為牛後。」這句話常被人拿來安慰自己身處的環境，寧可在小地方當個領導者，而不願意在大團體中當個沒沒無名的人。

然而，這句話並不是每個人都適用，必須考量到所處的環境和自身的狀況。有競爭才會有進步，如果不懂得這個道理，在自身的能力都還不夠充實的時候，投身到一個大家能力都不如自己的地方，即使在那種環境當中可以當個領導者，但那是因爲本事夠嗎？有人値得效法學習嗎？

事實上，除非很有毅力，懂得不斷充實自己、挑戰自我，否則很難有所成就。就像近年來時常被提起的話題，爲什麼台灣孩子的競爭力比不上中國小孩？因爲人口衆多的他們，競爭力也高，想要出頭，就得讓自己成爲佼佼者。

再者，必須思考本身所選擇的環境，是否有足夠的條件讓自己發揮實力？有許多潛身在深山中的得道高僧，的確比現代充滿「商業氣息」的佛教團體更有修爲。但是，知道他們存在的人有幾個？他們空有滿腹理想卻無法發揚。

此外，也不能不試著想一想，在一個小地方當領導者，會不會讓自己安於現狀而忘了向前邁進？就像生長在沒幾棵樹的山頭上的松樹，只要擁有足夠的陽光和雨水，就胡亂伸展不思長進。

愛因斯坦曾說：「一個人只有以他全部的力量和精力致力於某一事業時，才能成為一個真正的大師。」

「寧為雞首，勿為牛後」對於準備充分、自我約束力強的人是個好選擇，那是他能夠獨當一面、實現理想的環境。因為，不久之後，他會讓雞展翅高飛，站到牛的肩膀上。

對那些只有出人頭地慾望，但實力平平的人來說，不思長進將是阻止自己繼續前進的絆腳石。

演好自己的角色最重要

「誰最重要」一點也不重要。如果每個人都能扮演好自己的角色，對自己或他人而言，就是最重要的一個。

很多人每天辛辛苦苦地努力，並不是爲了自己，而是在扮演自己在別人心中的角色。這是因爲，人總是想在別人心中佔有一席之地，想成爲別人心中那個最重要的人。但是，卻從來沒有想過：自己在別人心中，眞的是自己以爲的那個角色？

答案通常是否定的，所以現實生活中才會有那麼多誤解、衝突與尷尬場面發生。

柯林頓在擔任美國總統期間，有一天安排行程到醫院探視病患。

突然，有個小孩鑽過人群來到他的身邊。這個小孩只是看著柯林頓，卻什麼話也不說。就這樣沉默了幾秒鐘之後，柯林頓注意到他，便開口問：「你有什麼話要跟我說嗎？」

「我想要你的簽名！」小孩用洪亮的聲音說。

柯林頓情不自禁地露出微笑，拿起名片，很快地寫上名字，正要交給小孩時，小孩又要求說：「我可以要四張嗎？」

柯林頓一臉笑意，疑惑地問：「爲什麼要這麼多張呢？一張不夠嗎？」

小孩回答他：「我要用三張你的簽名去換麥克．喬丹的一張簽名照，至於剩下的一張，我會妥善地收藏起來。」

柯林頓總統並沒有因此而不高興，他接著拿出三張名片，都簽上了名字，同時開朗地說：「我的一個侄子最喜歡麥克．喬丹，改天有空我也要幫他去換一張麥克・喬丹的簽名照。」

一位是美國總統，一位是聞名全球的NBA籃球明星，誰最重要呢？

仔細想想，「誰最重要」這個問題眞的很「重要」嗎？如果你不是最重要的那一個，又會如何呢？讓我們來看一個「我最重要」的故事吧。

有一天，眼睛、耳朵、鼻子，和嘴巴正在聊天。

說著說著，鼻子突然說：「眼睛，你有什麼重要的？為何你在我上面？」

眼睛說：「沒有我，什麼也看不見，世界是一片黑暗。我當然重要！」

正當鼻子想反駁眼睛時，嘴巴說話了：「鼻子，那你又有什麼重要的，為什麼我要排在你下面？」

鼻子回答：「我才是最重要的好不好，沒有我，就沒辦法呼吸；沒有我，就聞不到任何氣味。我當然是最重要的。」

這時候嘴巴不以為然地說：「我能嚐遍所有美味的食物，還能唱出好聽的歌、

吟誦優美的詩詞，我才是最重要的！」

在旁一直沉默的耳朵說話了，「雖然我不知道誰才是最重要的。但是我所處的位置最特別，所以我才是最重要的。」

在每一個都說自己最重要的吵鬧情況下，它們決定來個大風吹，找一個自己最喜歡的位置。結果，鼻子掛在額頭上、眼睛跑到下巴上、耳朵吊在眼睛的上方、嘴巴則長在右邊腦袋！這張臉，最後成為一團亂。

基於人性，人們總是希望自己是最重要的那一位。

因此，有些人會去探別人的口風，想知道自己在朋友間受歡迎的程度，是不是大家最喜歡的人。類似的事情，不論在工作場合或在家庭裡，都會常常出現，甚至當爸爸的還會和兒子一起向老婆爭寵呢。

「我」固然很重要，但是沒了「你」或「他」，生活還有什麼意義呢？

爭奪「誰最重要」一點也不重要，不要因爲自己不是「最重要的」，而對人生感覺到失意。如果每個人都能扮演好自己的角色，對自己或他人而言，就是最重要的一個。

眞心付出，心靈就會滿足

「付出」不完全是奉獻自己的時間、財力，或者是勞力，只要有一顆感激的心，就是對生命的一種付出。

日常生活中，我們經常會聽到一種感嘆：自己對別人付出那麼多，爲什麼別人卻絲毫沒有感受到？爲何連一點回應都沒有呢？

其實，之所以會有這種情形發生，問題通常出在你對別人的付出方式，是否出自眞心？

因爲，我們經常會以爲自己無條件爲別人付出時間和金錢，就是一種無悔的付出，但卻不知道別人想要的，或許不是這種會造成心理壓力的付出，而是一種

沒有任何壓力的，發自內心的「心靈付出」。

二次大戰期間，德軍包圍了列寧格勒，企圖用轟炸機摧毀軍事目標和其他防禦設施。眼看就要全軍覆滅，所有俄國士兵都束手無策。

當時，有一位名叫施萬維奇的昆蟲學家也被困在其中。由於戰火的洗禮，軍營附近的生物都慘遭波及，作爲昆蟲學家的他感到很痛心。

這天，他看到不遠處的樹枝上停著一隻蝴蝶，那是一隻美麗的花蝴蝶，正在陽光下伸展著美麗的翅膀。

他向蝴蝶揮了揮手，希望趕牠離開這個危險的環境。但是蝴蝶反覆揮動翅膀，還是沒辦法起飛。

經驗豐富的施萬維奇發現這個狀況，知道牠一定是受傷了。

他小心翼翼地將蝴蝶從樹上抓下來帶回軍營，經過仔細地觀察過後，果然在蝴蝶的翅膀地方發現傷口。

施萬維奇爲牠上了藥，兩天過後，蝴蝶康復了，他便依依不捨地將牠放回大自然。

第二天一早，施萬維奇的門前停滿了蝴蝶，花花綠綠，在陽光下揮舞著美麗的翅膀，分外耀眼。這種景象讓他激動極了，研究昆蟲多年，他從沒見過如此壯觀的場面。

施萬維奇突然靈機一動，如果用這些蝴蝶將軍事基地僞裝起來，德軍的飛機也許就不會發現他們了。

但是，軍事基地這麼大，這些蝴蝶是不夠的。最後，他想出了用黃、紅、綠三種顏色塗在軍事基地上的方法，將軍事基地裝扮成一件大大的迷彩服。這麼一來，德軍在飛機上看到的只有一片蝴蝶花海。

列寧格勒的軍事基地安然渡過危機，爲贏得大戰最後的勝利奠定了堅實的基礎。根據同樣的原理，後來的人們生產出迷彩服作爲軍事裝扮，大大減少士兵在戰鬥中傷亡。

根據科學家對蝴蝶色彩的研究，蝴蝶的翅膀在陽光下時而金黃，時而翠綠，有時還會由紫變藍，能爲爲軍事防禦帶來極大的裨益。

然而，施萬維奇則認爲那次蝴蝶集會的唯一解釋是爲了報恩，號召同伴利用自己天生僞裝的特長，來爲列寧格勒軍事基地進行掩護。

這種大自然的神秘力量，是很難解釋的，但我們可以知道一點：「眞心地付出，總會獲得回報。」

因爲施萬維奇對蝴蝶付出的善心、對生命的憐憫，讓他有機會注意到「蝴蝶」的顏色具有保護色的效果。

在世態炎涼的今日，人們慢慢收回「付出」的天性，既不奢望回報，更害怕惹禍上身。

可是，關閉這種天性太久，就容易忽略生命中值得感動的一面，甚至看到任何動人場面，也沒什麼感覺了，那是因爲我們的「心」已經麻痺。

為什麼要人「付出」？絕對不是要當個聖人，而是要讓我們定時活絡自己那顆逐漸僵硬的心。

「付出」不完全是奉獻自己的時間、財力，或者是勞力，只要有一顆感激的心，就是對生命的一種付出。

為我們所擁有的一切心存感激，把這樣的心情帶給身邊的人，讓他們也感受到同樣的滿足和快樂，就是一種最棒的回報。

付出，總會得到回報。不僅在於物質，更是一種心靈的平靜與滿足。

給贏家掌聲，也給輸家一些鼓勵

我們可以為贏家感到高興，可是，那個讓贏家付出全力的對手也值得致敬。因為有如此勁敵，才能激發贏家的實力。

不論在任何比賽，最後可以獲得觀眾喝采和掌聲的贏家只有一個。但是，我們是否想過，那些促使贏家締造出佳績的輸家，是不是也同樣要給他們一些精神鼓勵呢？

就拿百米比賽來說，如果沒有第二名奮力跑出十秒的成績，也就無法激發出第一名跑出九秒多的佳績。因此，當我們起立為第一名鼓掌喝采的時候，也不要忘記為第二名以後的選手加油鼓勵一下。

因爲，沒有他們奮力表現，第一名的成績不會那麼亮眼，沒有他們襯托，我們就不可能欣賞到那麼有張力的精采比賽。

在世界職業拳王爭霸賽的現場轉播中，觀衆看到一幕幕感人的情節。參賽的是兩個美國職業拳手，年長的名叫卡非拉，三十五歲；年輕的是巴雷拉，二十八歲。上半場兩人拼搏六個回合，實力相當，難分勝負。在下半場第一回合中，巴雷拉接連擊中老將卡非拉的頭部，使他鼻青臉腫。

中場休息時，巴雷拉眞誠地向卡非拉致歉，先用自己手中乾淨的毛巾一點一點擦去卡非拉臉上的血跡，然後把礦泉水灑在卡非拉頭上，一臉歉意的神情彷彿受傷的是自己。

接下來，兩人繼續交手，也許是年紀眞的大了，卡非拉漸漸顯得體力不支，一次又一次被巴雷拉擊倒在地。

按照比賽規則，對手被打倒在地之後，由裁判開始讀秒，如果讀到第十秒，

倒地的拳手還未起身，對手就獲得勝利。

卡非拉掙扎著想要起身，裁判開始讀秒：「一、二、三……八、九……」十還沒出口前，巴雷拉一把將卡非拉拉了起來。

裁判感到很吃驚，這樣的舉動在拳場上很少見。

巴雷拉向裁判解釋說：「我犯規了，只是你沒看見，這局不算我贏。」扶起卡非拉後，他們微笑著擊掌，繼續交戰。

最後，卡非拉以一〇八比一一〇的成績輸給巴雷拉。觀眾如潮水般湧向巴雷拉，向他獻花、致敬、送禮物。

巴雷拉則撥開人群徑直走向被冷落的老將卡非拉，把鮮花獻給他。兩人緊緊地抱在一起，相互親吻被擊中的部位，儼然猶如一對親兄弟。

卡非拉真誠地向巴雷拉祝賀，洋溢著滿臉笑容，握住巴雷拉的手高舉過頭，向全場觀眾致敬。兩人都獲得全場觀眾熱烈的掌聲。

在這場拳賽中，無論拳術高超與否，兩人都是最大的贏家，贏在風度和人格。給輸家掌聲、向對手致敬是非常有運動家精神的行爲，雖然很多人都懂，但是能做到的卻沒幾個。

當我們參加或者觀賞任何比賽，支持的隊伍獲勝時，我們總會毫不吝嗇，大力報以掌聲和讚美。可是，如果輸了的話，情況又是如何呢？

對於贏家來說，掌聲是不可缺少的，恭維更是多如雪片。我們可以爲贏家感到高興，給予讚賞，可是，那個讓贏家付出全力的對手也値得致敬。因爲有如此勁敵，才能激發贏家的實力。

生活周遭，也有許多「輸家」需要我們的鼓勵。

他們並非很糟、行爲不檢，可能只是內向了點、朋友少了點，這些人需要的是別人主動地關懷和鼓勵。給「輸家」掌聲，並非可憐他們，只是讓他們得到每個人都希望擁有的鼓勵和支持，喚起被人們遺忘的運動家精神，使他們在失意的處境之中也能打起精神，不放棄努力。

別把關愛當成阻礙

如果每一個人都能盡量往好的方面看，就不會發生那麼多的爭執和隔閡，人與人的相處，也能更融洽。

我們經常會把親人的關愛當做理所當然，有時候甚至還會對親人對自己無微不至的關愛，感到不耐煩。

譬如，父母親每天會打電話詢問出門在外的孩子有沒有吃飯？天氣冷了，衣服有沒有穿夠？孩子們往往會用不耐煩的語氣回說：有啦！有啦！幹嘛天天問，我又不是三歲小孩……

我們會有這樣的反應，問題就出在我們覺得親人對自己所做的一切都是應該的，才會那麼不懂得珍惜。如果懂得親人不計一切爲自己付出，並不希望得到絲毫回報，而只是想讓我們過得快樂幸福，那麼就不會再將身邊親人的關愛，當做是一種阻礙了！

從前，有個年輕人與母親相依爲命，生活相當貧困。

年輕人由於苦惱，開始求仙拜佛，最後甚至不務農事，沉迷其中。母親苦勸好幾次，他對母親的話依舊不理不睬，甚至把她當成自己成仙的障礙，有時還對母親惡言相向。

有一天，這個年輕人聽別人說起遠方的山上有位得道高僧，便想去向高僧討教成佛之道，但又怕母親阻攔，便趁著夜晚偷偷離家了。

他一路上跋山涉水，歷盡艱辛，終於在山上找到那位高僧。

高僧熱情地接待他，但聽完他的一番敘述，卻沉默良久。當他向高僧請教佛法時，高僧開口道：「你想得道成佛，我可以爲你指條道路。吃過飯後，你立即

下山，一路走回家。回家路上，若遇有赤腳爲你開門的人，這人就是你所謂的佛。你只要悉心侍奉，拜他爲師，成佛就是非常簡單的事情了！」

年輕人聽了非常高興，謝過高僧，欣然下山了。

第一天，他投宿在一戶農家，男主人爲他開門時，並沒有赤腳。

第二天，他投宿在一座城市的富有人家，更沒有人赤腳爲他開門。

第三天，第四天……他一路走來，投宿無數，卻一直沒有遇到高僧所說的赤腳開門的人。他越來越灰心，開始對高僧的話產生懷疑。

快到自己家時，他徹底失望了。太陽漸漸落下，他沒有再找地方投宿，連夜趕回家。

到家門時已是午夜時分。疲憊至極的他費力地叩動了門環，屋內傳來母親蒼老驚悸的聲音：「誰呀？」

「是我，媽媽。」他沮喪地答道。

門很快打開了，一臉憔悴的母親大聲叫著他的名字，把他拉進屋裡。在燈光下，母親流著淚端詳他。

他低下頭，驀地發現母親竟赤著腳站在冰涼的地上。剎那間，他想起高僧的話，突然什麼都明白了。

有許多年輕人會抱怨父母親總是看不到自己的優點，見到的都是哪裡不對，哪裡又做錯。他們認爲，只要父母能看到自己做對的那一面，就會發現，自己的孩子有許多値得讚賞的地方。

同樣的，當角色對調時，我們看到父母的優點了嗎？

補習班門外，常常可以看見一輛輛機車或汽車停在路旁，坐在上面的，是等待孩子下課的父母；知名麵包店麵包出爐時間一到，大排長龍等待的，是爲家人準備可口早餐的媽媽們。

可是，父母晚了幾分鐘接孩子，沒有買到孩子要的麵包口味時，換來的常是嘟著嘴、生悶氣的小臉蛋。

反省一下自己，是不是也常常忘記看父母的優點，忘記父母付出的一切，只

記得父母的種種不是呢！

故事中，年輕人一心只想向外求，找尋成佛之路，卻忽略了最基本爲人子女應知的道理。他看不見母親爲自己的用心，只看到母親是個阻礙，把她視爲自己成佛的業障。最後，年輕人才發現，母親就是自己的佛，總是不計一切爲他付出所有的關懷和愛。

如果每一個人都能盡量往好的方面看，就不會發生那麼多的爭執和隔閡，人與人的相處，也能更融洽。試著引導自己和身邊的人，多看看彼此的優點，開始注意對方做「對」的事。

只想鑽漏洞，不可能成功

法律是一種藝術，在理性和人情中必須拿捏最適當的尺度。若把它當成一種工具，專鑽漏洞使用，最終還是會害到自己。

想要成功，其實「按部就班、腳踏實地」是最快速，也是最有效的方法，千萬不能心存僥倖，或者仗著自己擁有別人沒有的關係，就想要「鑽漏洞」或是「走後門」。

靠著「鑽漏洞」和「走後門」的投機方式，或許，可以讓你獲得一時的順利，卻無法讓你獲得一輩子的成功。而且，這種沒有用紮實努力做基礎的「成功」，往往就像泡沫一樣一戳就破，禁不起任何考驗。唯有一步一腳印，確確實實地全

力以赴，才能開創眞正屬於自己的美好未來。

一六〇八年的某一天，英國國王詹姆士一世在宮中閒來無事，打算去皇家法院親自審理幾件案子解解悶，也順便體察一下民情。

國王來到法院後發現，今天負責審理普通訴訟案件的首席大法官是柯克爵士。更令國王意外的是，他想審理案件的要求竟被拒絕了。

「整個國家都在我的統治之下，區區一樁案件，竟然無權親審，這是什麼道理？」國王滿臉不快，質問柯克大法官。

「陛下息怒，容臣稟報。陛下當然是國家的最高首腦，內政大事和外交方略，都由您親自審查。但是，陛下要親審案件這件事，卻是萬萬不可。」柯克雖然表現得很恭順，眼神中卻透露出堅定的精神。

「哈哈！國王不能審案，這倒是樁新鮮事。大法官閣下，我知道，吾國法律以理性爲依歸。你不讓我審案，顯然是認爲我天生愚笨，不及你和你的同僚們。」

國王話中帶刺。

柯克並不退讓，反而一板一眼地回答道：「不錯，上帝的確賦予陛下極其豐富的知識和無與倫比的天賦。但是，陛下對於英格蘭王國的法律並不精通。法官要處理的案件動輒涉及臣民的生命、財產，只有天賦和知識是不可能處理好的。法律是一門藝術，需要長期的學習和實踐。」

這雖然是四百多年前發生的事，但其中透露出的眞義，到今天都還適用。

或許你會認爲，一個尋常老百姓，只要奉公守法，哪裡會和法律扯上關係呢？其實，我們的生活中，時時刻刻都和法律有著密不可分的關係。

人生最重視的不外情、理、法三項要件。在「法」之中要講「理」，在「理」之中更不外乎「情」。尤其在講究「人情味」的地方，只要一搬出「情」來，很多事都不得不妥協。

仔細回想看看，你是否因爲職位或所處位置的方便，而常被人提出無理的要

求呢？例如你在銀行上班，在一堆人排隊等待時，出現某個「熟人」，仗著私交不抽號碼牌，要你先幫他處理事務，這時你該怎麼辦？

或者你跟某某長官熟識，甚至擁有處理人事的權力時，有人拜託你美言幾句，甚至私下「動手腳」袒護自己人，你又該如何？

諸如此類的事情，在生活中時常可見，造成的影響也有大有小。這卻是千古無法改變、約定成俗的社會現象。

我們不可能做到凡事都講法、說理，但是也要懂得保護自己。有些時候賣給別人一點「人情」，只要無傷大雅，都還可以接受。可是，一旦所賣的「人情」會影響到大局，甚至一個不小心連自己都得扛上責任時，就得三思而後行了。

法律是一種藝術，如同人生之道，在理性和人情中必須拿捏最適當的尺度。可是若把它當成一種工具，專鑽漏洞使用，最終還是會害到自己。

自己的珍寶，要靠自己尋找

如果自己追求的東西，只是因為大家都這樣說，或者這個東西很稀少才去做，那麼這種追求就是一件毫無意義的事。

有些人經常會費盡心思，甚至散盡家財去追求一項所謂的稀世珍寶，但是當好不容易將這項珍寶弄到手之後，卻又怕被偷，因此，只能將它鎖在重重保全看守的保險櫃裡面，難得拿出來看幾次。

那麼試問，如果當初那麼辛苦得到這項珍寶的目的，就是將它鎖在保險櫃裡面，爲何還要那麼努力地去追求呢？

不要一窩蜂地去追逐所謂的「珍寶」，每個人身上都擁有與生俱來，別人想

要搶都搶不走的珍寶，那才是你應該努力追求、珍惜的。

有一天，一個來自西域的商人將珠寶拿到市集上出售。這些珠寶琳瑯滿目，全都價值不菲，特別是其中一顆名叫「珊」的寶珠，更是引人注目。它的顏色純正赤紅，直徑有一寸，價值高達數十萬。

這樣一顆價值不菲的寶物引來眾人圍觀，大家無不嘖嘖稱奇，讚嘆道：「這真是一顆寶貝啊！」

正巧龍門子這天也來逛市集，見到那麼多人圍著攤子議論紛紛，便帶著弟子擠進入人群之中。

龍門子仔細地端詳寶珠，開口問道：「『珊』可以拿來填飽肚子嗎？」

商人回答說：「不能。」

龍門子又問：「那它可以治病嗎？」

商人又回答說：「不能。」

龍門子接著問：「那能夠驅除災禍嗎？」

商人還是回答：「不能。」

龍門子再問：「那能使人心靜嗎？」

回答仍是：「不能。」

龍門子說道：「真奇怪，這顆珠子什麼作用都沒有，價錢卻超過數十萬，又是為了什麼呢？」

商人告訴他：「這是因為它產在很遠很遠、杳無人煙的地方。需要動用大量的人力和物力，歷經許多艱險，吃盡苦頭，好不容易才能得到它。因此它是件非常稀罕的寶貝啊！」

龍門子聽了，只是笑了一笑，什麼也沒說便離開了。

龍門子的弟子對老師與商人之間的對話很不解，便向他請教。

龍門子教導他說：「古人曾經說過，黃金雖然是重寶，但是人生吞了它就會死，即使只是它的粉末掉進人的眼睛裡，也會導致失明。」

「我已經很久不去追求這些寶貝了。不過，我身上也有貴重的寶貝，它的價

值絕超過數十萬，而且水不能淹沒它，火也燒毀不了它，風吹日曬全都無法損壞它。用它可以使天下安定，不用它則可以使我自身舒適安然。」

「人們對於這樣的至寶不知道去追求，卻把尋求珠寶當作唯一要緊的事，這豈不是捨近求遠嗎？看來人心已經死很久了！」

龍門子所謂的「至寶」，指的就是人們自身的美德。這的確是一種無價的寶物，別人無法贈與，只有靠自身修爲才能獲得。

這個故事還有另一層涵義，我們知道自己追求某些事物是爲了什麼嗎？

人們常常費盡心力去追求毫無意義的東西。所謂無意義的東西，不代表它沒有任何價值，只是它對你的身和心不會帶來實質的意義和幫助。

如果追求偶像可以讓自己更快樂，那麼當個忠心的粉絲也沒有什麼不好；如果蒐集古董、珠寶，可以讓你感到富足，就算只是將其束之高閣，供作欣賞之用，也沒有關係。

相對的，如果自己追求的東西、目標，甚至是人，只是因爲大家都這樣說，或者這個東西很稀少才去做，那麼這種追求就是一件毫無意義的事。

在追尋、蒐集的過程當中，既然不能帶給自己任何的幫助或成長，又何必浪費時間在一張虛假的「尋寶圖」上呢？不如先了解自己的心和渴望，才能尋找出一個屬於自己的「珍寶」！

Part 9

何必用恨意折磨自己？

鎮日委屈自己，任由放不開的情愫折磨，
其實只是自尋苦惱，
除非你愛上那樣的滋味，
否則何不放手讓彼此自由？

何必用恨意折磨自己？

鎮日委屈自己，任由放不開的情愫折磨，其實只是自尋苦惱，除非你愛上那樣的滋味，否則何不放手讓彼此自由？

愛情擁有很大的力量，可以讓兩個人不顧一切地在一起，可能改變兩個人的生活，也可能製造出許多的奇蹟。然而，當這股巨大力量消褪的時候，又該如何面對？

有人總是勸失戀的人說：「愛過、失去過，總比完全沒愛過來得好。」只不過，這句話對那些失戀的人，一點安慰作用也沒有，因爲曾經有過戀愛的甜蜜，面對失去，更讓人難以忍受。

這種時候，與其苦口婆心地安慰他們忘了失去什麼，不如讓他們靜下心來仔細想想，在這場戀情中自己獲得了什麼。

麥克和安琪從大一相戀開始，交往了三年多，畢業後，頗有運動天分的麥克更在安琪鼓勵之下加入了職業球隊，完全改變了他的生活。在戀愛、事業兩相得意的時候，麥克曾經覺得自己是世界上最幸福的人。

誰知，有一天安琪竟然對他說自己愛上了別人，想要和他分手，讓他覺得自己的世界整個崩毀了。

安琪說：「麥克，你是個好人，我還是很在乎你，希望我們永遠都是好朋友。」但是麥克卻忍不住嗤之以鼻，朋友？分手的戀人怎麼當朋友？

一想安琪的新男友，他就一肚子火，心想要是看到那傢伙，一定要衝上去把他揍扁。

就這樣，麥克開始陷入了一連串的低潮，最後連練球都不專心，比賽時還發生了嚴重失誤，使得一向愛才的教練再也看不下去了，不只在場上痛罵他一頓，還要他比賽結束後立刻到辦公室報到。

在教練追問下，麥克才把自己的情事攤開來講。他不明白爲什麼安琪要離開，他不懂自己到底做錯了什麼。

他失聲怒吼：「爲什麼！我那麼愛她，她卻和我分手，我事事爲她著想，她要我做什麼我就做什麼，我付出那麼多，到底得到什麼？」

教練讓他發洩了一陣，然後拿出紙和筆，丟到麥克眼前，說：「你得到了什麼？很好，這是個好問題！紙和筆給你，你就坐在這裡好好想一想，在這場戀情裡，你到底得到了什麼。」

教練要麥克仔細回想他和安琪交往後的一切，巨細靡遺地記錄下來，好的壞的都可以寫，然後寫下從對方身上得到的經驗。

麥克拿著筆，對著白紙，開始回想他和安琪交往的情形。他記得自己如何鼓起勇氣約安琪出來，安琪接受邀約又如何使他感到開心；他記得自己在安琪鼓勵下加入足球隊；他記得自己曾和安琪吵架，後來重修舊好，學會溝通、協調和讓

步……

隨著點點滴滴的回憶，他記起了好多好多快樂的片斷。雖然和安琪分手令他傷心難過，但是，他們曾經一起留下許多值得珍惜的過往回憶。

嚴格說起來，在這段戀情之中，他獲得的或許比安琪還要多。寫到後來，麥克頗有感悟，很慶幸自己曾經擁有過這樣一段戀情，如果沒和安琪談戀愛，說不定此刻他將會是另外一種人，過著另外一種生活。

愛因斯坦曾經說過：「人只有懂得改變對困境的看法，才能找到衝出困境的方法和做法。」

在情感方面的經營也是如此，唯有懂得隨時調整自己心境的人，才能走出感情的困境，不會老是用恨意折磨自己。

麥克或許一時還不能走出情傷，但至少不再對過往抱持著恨意，他不再認爲那段戀情白白浪費自己的時間，他不再否定安琪，也不再否定自己。

很多時候，曾經相愛的兩人之所以分手，不是誰對誰錯的問題，而是緣份淡去。愛情逝去就逝去了，再如何挽回，也挽不回對方已愛上別人的心。情緣已盡，假使將過往的所有一切全數抹去，而以恨意替代，其實受折磨的，只會是自己而已。

能夠瀟灑放手，爲對方祝福，不也是一種愛意的表現？

試圖強抓著舊情不放，又怎麼會有新愛入得了你心？鎮日委屈自己，任由放不開的情愫折磨，其實只是自尋苦惱，除非你愛上那樣的滋味，否則何不放手讓彼此自由？

你必須學會和孩子一起成長

你不能讓孩子生活在玻璃城堡，你不必什麼事都幫孩子做得好好的。你必須做的是：和孩子一起學習，一起成長。

對於許多人來說，小時候，父母就像神一樣無所不能，也像英雄一樣令人敬佩，彷彿什麼問題都能輕易解決。

但漸漸的，隨著年歲長大，孩子就會發現，其實父母也是人，也有做不到的事，也會害怕，也會失敗，甚至不能在每個危急的瞬間順利拯救自己。這些成長經歷會讓孩子知道，有很多時候，得學會自己照顧自己。

有一天，史迪克在院子裡玩耍，結果爬上了樹卻下不來，只好死命抱著樹幹，哭著喊爸爸。

聽到求救聲，他的父親隨即從屋子裡衝出來，一腳踢開門，以最快的速度奔向院子。然後，史迪克懸空的腳被父親抓住，心也跟著放下，因為他知道有爸爸在，自己就安全了。

幾年後，史迪克又爬到更高的樹上，又面臨了一次進退兩難的情況，但這次叫爸爸的絕招不靈了，因爲他的父親正在離家幾十里的地方開會。最後，史迪克抱著樹幹滑落，手肘骨折，只好打上石膏。

不過，這一次史迪克並沒有感到恐懼和害怕，反而有種勇敢歷險之後的得意感，在爸爸回家的時候，高興地展示自己的石膏手環。

這樣的表現，證明史迪克已經漸漸長大，他也發現這個事實，知道有些事自己就能做到，不用依賴父親。

這種自我征服的成就感，越來越明顯。

史迪克的父親對這個事實感到既欣慰又黯然。欣慰的是，曾經幼小到無時無刻不得不依靠父母保護的孩子，現在終於日漸成熟爲一個獨立的個體；黯然的是，自己再也無法成爲孩子唯一的超級英雄，無所不能、無所不在地爲孩子解決問題。

面對孩子的成長，許多父母都和史迪克的父親一樣既高興又失落。雖然孩子漸漸獨立、成熟，意謂著父母不用再多操心，也不用再事事出手協助，終於可以開始爲自己而活，但是，那種被人需求的感覺，相對也隨著孩子的成長而慢慢被剝奪了。

孩子們會開始要求獨立空間，拒絕你未經同意就擅入；他們會開始追逐新的偶像，儘管那簡直是讓你嘔吐的對象；他們會開始嘗試各種新挑戰，而你可能一點也幫不上忙。

事實上，許多時候，不能適應的反而會是父母。

沒有人天生就會當父母，孩子偶而出點差錯，父母要學會寬容。面對孩子，父母需要付出關愛，畢竟眼前這個小不點，不管是好是壞、可愛或不可愛，都是因為你才來到這個世界的，你有義務讓他能獨立存活在這個世界上，直到那時，你的責任才能完了。

所以，為人父母的你，最好有這樣的認知：你不是無所不能的存在，你不用只能給孩子最好的；你不能讓孩子生活在玻璃城堡，你不必什麼事都幫孩子做得好好的。你必須做的是：和孩子一起學習，一起成長。

而且，時候到了，該放手就該放手，如何度過沒有孩子的人生，將是人生的下一個學習課題。

用心，才能突破瓶頸

只要多用一份心，坦然地面對問題與缺失，不僅能迅速地填補缺漏，更能緊抓住事情發展的重要關鍵，踏入成功的領域。

莎士比亞告訴我們：「千萬人的失敗，失敗在座是不徹底，往往做到離成功還差一步，便終止不做了。」

唯有絞盡腦汁突破臨界點，你的人生才會有新的起點。

流行的風向將往哪兒去，時尚的需求有哪些東西，方向就在你的腦海中。只要你能比別人多花一分鐘想想，很快地你便會驚呼：「我想到了！」

成功就是這麼簡單，很多人之所以無法達成，那是因爲他們面對困難時總是

比別人少堅持一分鐘！

瑪莉是一位英國服裝設計師，這天黃昏，她照慣例來到街頭散步。

忽然，有一群漂亮的女孩子經過她身邊，瑪莉微笑地看著她們，她們也回應她一個笑容後，便開始聊她們女孩家的心裡話。

有個女孩說：「妳們看，現在流行的服裝眞乏味，一點也不好看！」

另一個女孩也呼應說：「是啊！妳看這條破裙子竟然流行到現在，實在很難看，眞想把它剪壞、丟掉。」

瑪莉聽見女孩們的抱怨，感覺十分羞愧，心想：「身爲一個設計師，的確要多一些創新，讓女孩們從服裝上表現出青春活力！」

瑪莉認眞地想了又想，忽然，驚呼道：「剪！是啊，如果我把裙子再剪短一些，那不就能充分展現女孩們的美麗身材和青春氣息嗎？」

於是，瑪莉停止午後休閒活動，立即奔跑回家，動手製作起她的新設計，一

件被剪短的裙子。

「短裙子」一上市，很快地便銷售一空，後來，人們也正式給予這件裙子一個名字，叫做「迷你裙」。

從此，迷你裙的風不不僅在英國掀起一陣流行，更在世界各地燃燒出一股熱潮，而瑪莉也因爲這個「剪短的裙子」創意，坐上了流行服裝設計大師的寶座，當然，這個創意發想更爲她賺進了千萬的財產。

因爲一個剪字，讓瑪莉聯想到了青春活力，因爲多一份留意，讓她多思考了一分鐘，也讓她多賺進了一筆非凡財富。

無論你我選擇什麼樣的工作範疇，都要有「比別人多一份心」的態度，因爲這是突破工作瓶頸的自勉力量，也是讓我們挖掘成功湧泉的支持力量。

正因爲一切力量始終都源自於我們的心，所以，用「心」探尋的瑪莉能聽見女孩們的「心」聲。

瑪莉的名利雙收，再次地印證了創意人的成功技巧：「只要你能多思考一秒鐘，只要你能多用心一分鐘，那麼你就能看見成功的契機！」

從古至今，這不僅是眾多成功者的共同經驗，也是他們分享成功經驗時的重要體悟。

只要我們能多用一份心，坦然地面對問題與缺失，並積極發現其中缺漏處，那麼，我們不僅能迅速地填補缺漏，更能緊抓住事情發展的重要關鍵，踏入成功的領域。

用感激的心情面對當下的環境

與其抱怨才智難伸，不如用更積極的態度去面對當下的環境，懷抱感激之心，不僅能讓人懂得珍惜把握。

不管是在工作上還是一般待人接物中，常帶微笑的人始終比板著面孔的人更具有說服力，也更容易讓人對他產生信心。

帶著正確的生活與工作態度，才能讓我們自信地走向未來。

畢業後，便順利投身職場的漢德森，在一間小公司工作一段時間後，便很幸

運地成功轉換到另一間大企業公司中任職，在這間有上千名員工的大公司裡工作，漢德森不像過去一樣事事都得自己來，優點是可以讓他更專注於自己所擅長的工作上。

當然，有優點自然就有缺點，因爲在這個人才濟濟的大公司中，漢德森發現他的伸展舞台變小了，再也無法像從前那樣揮灑自如。這一點對想積極展現自己的漢德森來說，當然是一件非常糟糕的事：「要怎樣才能讓主管們知道我的能力呢？最起碼該讓他們先認識我吧！嗯，對一個新進人員來說，我應該先加強自己的競爭實力，才有機會展現我的能力。」

不過，幾千名員工每天在公司中進進出出，每張嚴肅的面孔像似陌生的過客般，想讓主管們一眼認出或是記住自己，恐怕不是件容易的事。

「我該怎麼做才能讓主管發現我，並記住我呢？」漢德森每天都反覆地思考著這個問題。

時間眨眼便過，又到了年底發放年終獎金的時候了，這對辛苦一年的員工們來說雖然是最快樂的時刻，卻也是他們幫公司「反省」的最佳時候。

不管自己拿到了多少獎金，也不管對方是否熟識，他們還是能靠著這個共同的話題熱烈交談。有人批評獎金的公平與否，有人諷刺主管的不知體恤，似乎沒有對公司提出一點批評或埋怨，就不是這間公司的一份子一般。

辛苦工作了一年，發發牢騷也確實情有可原，不過，在這個時候還是有個人沒有加入這個批判行列，他正是漢德森。

因為，第二天他將一封封感謝函送往公司幾位主管及總經理的桌上，上面寫著：「您辛苦了，在這個時候我很想表達心中的謝意，非常感謝您這一年來的指導與教訓，漢德森。」

這天，漢德森「又」在電梯裡碰到了總經理了。

沒想到總經理突然笑著對他說：「咦，你是漢德森吧！你一會兒到我的辦公室來，我想和你好好聊一聊。」

你的抱怨還是很多嗎？你一整年都是帶著這樣的態度在工作嗎？

如是答案是肯定的，那麼請坦然地接受你「有志難伸」的現實吧！

因爲，對機會而言，最厭煩的事正是聽見埋怨，因爲它知道，一個只會不住埋怨的人，根本不知道要怎麼發揮自己的才能，更不知道如何把握它，與其留在一個不懂得珍惜的人手中，不如飛向另一個合適的對象。

其實，獲得機會的方法一點也不難，只要我們用正面積極的態度去尋找，便能在某個小角落找到千載難逢的良機。

就像漢德森一樣，爲了幫自己爭取機會，他糾正了自己的工作態度與方向，沒有像其他人一般宣洩情緒。從中，我們可以很清楚地看見，漢德森抓到了感激與回饋之間的互助關係，更以積極態度面對公司與自己的未來。

與其抱怨才智難伸，不如用更積極的態度去面對當下的環境，懷抱感激之心，不僅能讓人懂得珍惜把握，也讓人更懂得付出的眞義，終有一天我們一定會得到相同的回饋。

懂得變通，就能成功

在非常時候要有非常鎮定的判斷力，更要有毫不遲疑的行動力，一旦猶豫，即使只有一秒，也可能會是最關鍵性的一秒。

日本知名作家池田大作曾經說過：「權宜變通是成功的秘訣，一成不變則是失敗的伙伴。」

的確，想要成功，必須懂得變通，不能故步自封、一成不變，就像一艘航行在大海的船隻，如果想要行駛到達目的地，遇見風浪之時，必須懂得如何見風轉舵一樣。

不論我們身處什麼樣的絕境，最終都一定會有出口。

如果前方出現了一道阻擋的高牆，我們大可回頭走，畢竟入口也可以是個出口，不怕一切從頭，只怕你放棄了一切。

美國空軍上校布魯斯．卡爾是一位重要飛行員，一九四四年十月，卡爾隨同部隊進駐法國，並不斷地與法西斯軍方在空中搏鬥。

同年十一月，他飛到捷克上空作戰時，雖然擊毀了兩架敵機，自己也不幸地被敵方擊中。更不幸的是，被迫棄機跳傘逃生的卡爾，最後還迫降在敵方的佔領區內。

因爲這個錯降，卡爾可說是吃盡了苦頭，他不僅要忍受寒冷與飢餓，還要不斷地躲避敵人的追捕。

後來，卡爾憑著第六感，順著一條崎嶇小路前進，終於找到德軍一個臨時機場。他立即躲進一個戰壕裡，並慢慢地觀察、記錄他們的一舉一動。最後卡爾發現，就在自己藏身處不遠的地方，正停放了一架德軍飛機，雖然那是一架性能不

佳的小型戰鬥機，但是，他看見機務人員剛剛完成維護工作，還裝滿了油料。於是，他預估，一會兒就有德軍飛行員要去執行任務。

當時的卡爾心想：「不如就『借用』這架德軍飛機，返回我方基地。」

當這個「借用」的念頭一出現，卡爾便毫不遲疑地越過鐵絲網，偷偷地鑽進了這架飛機的座艙。

在微弱的月光中，他忐忑不安地摸索著並不熟悉的座艙設備等等，只見他果決地拉起啓動桿，然而無論他怎麼拉，飛機居然毫無反應。

「糟糕！難道判斷錯誤？」

情急之下，卡爾下意識地將啓動桿一推，沒想到反而聽到了發動機開始轉動的聲音，在一片寂靜中，這聲音給了卡爾一股重生的希望和溫暖。

憑著經驗，他大膽地推動油門，機體發出了一陣轟鳴聲，便慢慢地開始往前滑動。然而就在他安全飛上天空前，他卻發現，這架飛機上居然沒有降落傘和飛行帽，更糟糕的是，機上的無線電通聯器居然也無法使用。

這時卡爾已經無法多想了，趁著其他德兵似乎還沒有發現時，立即向上一拉，往天空呼嘯而去。

德軍眞的沒有發現他，卡爾總算放心了。

只是他沒有料到，以爲一切安全的他，卻因爲無線電故障，無法與戰友們連絡，反而讓他吃了好幾顆自己人的子彈，所幸飛機沒有被擊中，讓他能有驚無險地迫降在基地的停機坪上。

當滿腹委屈的卡爾從座艙中爬出來時，立即被士兵們團團圍住。

這時，卡爾的上司認出了他，看著蓬頭垢面的他，忍不住哽咽地罵道：「卡爾！你這傢伙跑到什麼鬼地方去了！」

在場的戰友們這才發現：「是卡爾！」

發現敵機上坐的竟是失蹤已久的卡爾，戰友們紛紛上前擁抱他，每個人幾乎都感動得泣不成聲。

日本心理學家德田虎雄曾經這麼提醒我們：「一個人走在路上，最重要的事

情是必須注意轉彎。」

其實，走在人生的大道上也是相同的道理，也就是說，如果如果你想要早點成功，除了堅持到底之外，最重要的是在該轉彎和變通的時候，千萬不能食古不化、固執己見，否則只會讓自己離成功的目標越來越遠。

在非常時候要有非常鎮定的判斷力，更要有毫不遲疑的行動力，因爲一旦猶豫，即使只有一秒，也可能會是最關鍵性的一秒。就像卡爾一般，只要他當時的步伐有所遲疑，恐怕早已成了戰俘，無法回到戰友們的身邊了。

從故事中，相信你也得到了不同的生活啓發，試想，當我們在決定行動的時候，是否也有很多顧慮，其中更有許多不必要的考慮呢？

要想爭取機會，我們就要懂得變通，如此才能增加行動活力，也才能比別人更精準地把握住成功的機會。

讓友誼長久維繫下去

如果你不希望你的友誼日漸淡去，請記得小心維繫，時時保持連絡，主動關心對方，也給對方機會關心你。

再好的朋友，也有發生爭執的時候；再親密的愛人，也有因爲意見不合而出現齟齬的時刻。情感這種東西，看似脆弱實則極有韌性；看似堅強，其實也容易說斷就斷。

當情感發生裂痕，如果雙方都不想修補，那麼，裂縫就會越裂越大，最後斷得一乾二淨。

愛德華和一個原本很親近的朋友發生了誤會，兩個人日漸疏遠，幸好，他及時聽從另一位朋友的建議，才得以將這段瀕臨破滅的友誼拯救回來。

在愛德華為了這件事情煩惱時，剛好一名律師朋友來看他，兩個人一起到附近的林間散步。聊著聊著，兩人談到友誼的議題，愛德華很感慨地說原來有些友誼並不如他想像的那樣，這讓他感到很沮喪。

這位律師朋友則說：「友誼是個很神秘的東西，有些會持續長久，有些則稍縱即逝。」

他以那些廢棄的穀倉為例說，剛建立的友誼就像是剛蓋好的穀倉，看起來結實牢靠，但隨著年久失修，加上風雨吹打，木頭和鋼材就會銹腐，穀倉隨時都就有倒塌的可能。

朋友語重心長地說：「友誼需要關懷，就好像一座穀倉需要好好維修一樣。該寫的信不寫，該問候的不說，該道歉道謝時視為理所當然，就好像任由穀倉遭受風雨侵襲一般，時日久了，再堅固的房子也會垮。此外，每一次爭執爭吵，都像是從天上劈下來的雷電，每一次打擊都會對房子造成損傷。剛開始，破損、裂縫都很容易修補，但是，拖得時間長了，或者再來一次更大的雷擊，房子不垮才怪。」

朋友的話，讓愛德華頗有感悟，幾經思量，認爲自己還是相當珍惜這段友誼，並不想因爲無謂的爭吵失去一個好朋友。於是，他對律師好友說：「謝謝你來看我，接下來我知道該怎麼做了。」

從此，愛德華經常主動打電話問候久未連絡的朋友，也經常趁旅行之便前往各地拜訪老友。現在，他更懂得珍惜友誼了。

你有多久未曾和過去的老朋友連絡了呢？有的人可能搬家了，有的人可能結婚了，有的人可能移民海外，或是到對岸當「台幹」……。本來，你們至少會在彼此生日的時候，捎上一張卡片祝福，或者傳通簡訊，打通電話，但一年忘了，

兩年忘了，到最後，你已經遺忘上一次和朋友連絡是什麼時候，也發現沒幾個朋友記得你的生日。

是的，友情就在時空的差距下漸漸淡漠成爲模糊的記憶，除非你再重新啓動它，否則被囤積在倉庫裡的友誼，最後就會超過保存期限。當你想要重拾往日情誼，可能需要耗費更多氣力。

如果你不希望你的友誼日漸淡去，請記得小心維繫，時時保持連絡，主動關心對方，也給對方機會關心你，如此，你們的友誼才能長久維繫下去，變得柔韌卻不脆弱。

要克服環境，不要被環境克服

必須時時注意自己所處的環境，千萬別等到自己變得跟環境一模一樣時才發現不對勁，這時候通常都來不及了。

有人說人是一種最能適應環境的動物，這句話的另一層意思是：人是一種容易屈就環境，容易和所處環境妥協的動物。

大多數人都有只要差不多，就「將就一下」的惰性，假如沒有很明確的努力方向，很容易就會被所處的環境同化，最後隨波逐流。如果你心中有一個堅定追求的目標，那麼，不論環境如何艱辛和嚴峻，都必須想方設法去克服，千萬不要一遇到挫折和阻礙，就降低自己目標的高度，甚至因此停下自己追求目標的腳步。

一位老師帶著一群國中生到野生動物園戶外教學。經過水塘時，幾隻優美的天鵝在水面上追逐嬉鬧的身影，吸引了他們的目光，於是一群人便停下腳步觀賞天鵝的姿態。

關於天鵝，這位老師所知不多，只知道牠們是一種候鳥，有著長途遷徙的習性。每一年，天鵝都要飛越千山萬水，從寒冷的北國飛到溫暖的南方過冬，這段距離長達萬里。

可是，眼前的這群天鵝爲什麼有辦法在沒有任何柵欄圍堵的情況下，常年待在一方狹小的水域，不會飛走呢？

是因爲牠們的翅羽經常被修剪得很短？還是雙翅被繩子牢牢地綑綁著？抑或是牠們的雙足套著一對沉重的鐵環？

面對學生此起彼落的問題，老師不知道該如何回答。這時，一位飼育員走了過來，了解狀況後，便熱心地替他們解說起來。

原來，爲了不破壞天鵝高貴優雅的姿態，又必須同時剝奪牠飛翔習性，有一個兩全其美的辦法，便是儘量縮小水域的空間。

因爲天鵝展翅高飛之前，必須有一段足夠長的水面可供滑翔，如果助跑線的長度過於短促，天鵝就難以施展擁抱藍天的理想了。

久而久之，這群天鵝便會喪失飛翔的意圖，甚至泯滅了飛翔的本能。

曾經擔任英國首相的政治家迪斯雷里曾說：「人類難以控制環境，然而，卻能掌控自己的心境。」

的確，我們身處什麼樣的環境，也許不是由我們決定和掌握，但是，只要我們願意，絕對可以藉由改變自己的心境來改變環境。

望著這群長年窩在狹小水域，展翅卻不曾高飛，只會向人乞食的美麗天鵝，讓人難免引起一陣感慨。

古人稱天鵝爲「鴻鵠」，就是志向高遠的象徵。然而，一旦失去了飛翔的能

力，「鴻鵠」和「燕雀」又有什麼區別呢？

這也讓人想到曾經流行一時，每顆價值上千元的方形西瓜，那是人為利用容器限制生長下，刻意栽培而成的形狀。

讀到這兒，相信聰明的你是否開始對自己發出警訊？想想自己是不是也讓自己待在某個被限制的環境中而不自覺呢？

人都是好逸惡勞的，當你在一個安逸的環境久了，通常都不會想改變。只要過得去，何必讓自己累個半死，輕鬆自在不是很好嗎？

環境和人的關係是「相對相生」的。在「相對」期間，不是你改變環境，就是環境改變你。等到一切成形後，就進入了「相生」階段，你將和環境和平共處，彼此融合在一起。

如果這個環境是個讓人奮發向上，充滿朝氣的地方，耳濡目染下，人也會跟著成長。相反的，若是置身死氣沉沉、溫吞散漫的環境，又未曾時時提醒自己要打起精神、強迫自己要不斷努力，便很容易跟著麻痺、怠惰。

必須時時注意自己所處的環境，在適當時候做點改變，就像電腦每一段時間都要更新、升級一樣，才能讓自己在穩定中成長。千萬別等到自己被環境同化時才發現不對勁，這時候通常都來不及了。

要克服環境，不要被環境克服。只有具備不怕失敗的勇氣與鬥志，才可能以最佳狀態面對人生的順境和逆境；一個不敢迎接生命中的各種挑戰，總是屈就環境的人，成功之路終將遙遙無期。

愛要延續，得靠兩個人一起努力

想要延續彼此的愛，光憑一方努力是不夠的。唯有讓兩顆心貼近，尋覓出最妥善的相處模式，愛才不會被消磨殆盡。

轟轟烈烈的愛情，對某些人來說，具有莫名的魔力，總是讓周遭的人一起被瘋狂捲入，陪著他們一起愛得死去活來。只是，激情過後，情感如何延續，在在考驗著許多相戀的愛侶。

「相愛容易，相處困難」是許多過來人的感歎。兩個人如果想要天長地久，或許從戀愛時就得戴起一副「玫瑰色的眼鏡」，讓彼此之間，持續以愛來維繫，而不讓現實的折磨任意破壞。

葛瑞斯的視力變糟了，到醫院檢查後不得不配上一副老花眼鏡，否則別說閱讀了，幾乎連妻子衣服上的花色都看不清。

剛配好眼鏡回家，他急切切地追問妻子：「喜歡嗎？」

妻子皺著眉頭問：「喜歡什麼？」

葛瑞斯說：「我的眼鏡。」

妻子的反應令葛瑞斯覺得很有趣，她先是點頭表示好看，給了他一個輕吻，然後喃喃地說：「好奇怪，我都不知道原來你戴著眼鏡！」

這個問題之所以有趣，是因爲這並不是葛瑞斯第一次戴眼鏡，而是他第一次加戴一副老花眼鏡。

他忍不住打趣地說：「也許妳也該戴副眼鏡了。」

她楞了一下，然後紅著臉說：「討厭，我現在就戴著眼鏡！」

他們結縭近三十年，雖然葛瑞斯知道老婆的腰圍變粗了，一頭褐髮中摻進了

灰絲，但在他眼中，她依舊像兩人相識時那般風情萬種。

葛瑞斯知道妻子也同樣深愛著自己，即使明白歲月在他們臉上、身上刻畫了痕跡，兩人依舊有著濃濃的愛。

事實上，一直到現在，葛瑞斯面對妻子的時候，還是有著年輕時期戀愛的感覺。他們把兩個人一起做的事都視爲第一次，明明已經出差過二十幾次的巴黎，帶著老婆去度假的時候，仍然有一次又一次新的驚喜；看過好幾次的電影，和老婆一起看的時候，好像又充滿全新的樂趣。

這些心情都不特別，只是一種深切愛一個人的表現罷了。就好像在戀人的眼球上，掛上一副隱形的玫瑰色眼鏡，什麼事都跟著浪漫起來了。

要是世間的男女都能像葛瑞斯夫婦這樣，只看對方的好處、優點，久而久之，對方的壞處和缺點，似乎更能包容，也就不會有那麼多紛紛擾擾了。

把對方最完美的一面刻畫記憶下來，不去關注對方變老變醜，甚至覺得這樣有另外一種成熟美，這就是愛的魔力。

兩個人，想要延續彼此的愛，光憑一方努力是不夠的。唯有讓兩顆心貼近，凡事除了站在自己的立場思量，也站在對方的立場考慮，漸漸尋覓出最妥善的相處模式，愛才不會被消磨殆盡。

所謂的夫妻臉，特別是結婚越久、越相愛的兩個人，看起來就會越來越相像，或許就是這個道理吧！

當兩個人分別讓對方融入自己的內心，兩個有缺角的圓就因爲彼此配合而變成了一個圓。

Part 10 改變環境 就能改變人生

若要強迫他人依照我們的路子去走，
枉顧他人的意願，
那麼所得到的回應肯定只有反抗和虛情假意。

加深印象，才會留下好印象

如何成功抓住人們的目光，是行銷宣傳的最大挑戰。利用重複來加深印象，利用反差來製造驚奇，都是引人注意的好方法。

人生過程中，所有發生在我們身上的順境或逆境，其實都隨著我們面對的態度在改變。態度正是改變不如意際遇的關鍵因素，遇到層出不窮的各種障礙，如果你願意試著改變，就會有不一樣的發展。

人生如此，個人或產品的行銷也是如此。

在這個「不行銷就死亡」的年代，有很多人爲了宣傳，花費大把銀子砸廣告。只不過，宣傳的效果不見得一定和花費呈正比，有時候宣傳之所以成功，只在於

展現特色，成功引起人們的注意，而且留下深刻印象。

有一天尼古拉因為急事，不得不招了一輛計程車，由於倫敦的計程車費非常昂貴，以他平常的習慣，是絕對不可能這麼做的。

一坐上車，司機留了個絡腮鬍，怎麼看都讓尼古拉覺得眼熟。後來他環視了一下車廂內的環境，才發現前座掛了一小幅畫像，裡頭竟是社會學家卡爾．馬克思。尼古拉這才知道，他之所以會覺得司機眼熟，就是因為司機的模樣長得和馬克思極為相像。

尼古拉問司機：「你是馬克思主義的信徒嗎？」

司機沒有直接回答，遞過一張名片給尼古拉，名片上寫著：安東尼．馬克思，接著才說道：「他是我的高祖父，我的曾祖母是他的女兒。」

尼古拉說：「你們長得很像，不知你們其他地方是不是也一樣？」

司機爽朗地笑了笑：「我可不像他那麼有學問，我頂多喜歡整理整理花園和開車四處兜風，要眞要說有什麼地方像，就是我和他一樣都愛喝啤酒。」

尼古拉和這位談笑風生的司機一路閒聊，聊了許多和馬克思相關的傳聞和見解。下車的時候，司機先生遞過一個錢筒，要尼古拉把車資投進錢筒裡，錢筒上寫著「資本」字樣。

尼古拉打趣地說：「怎麼，這是爲了宣揚馬克思精神而做的嗎？」他知道馬克思的《資本論》一書對世界造成了重大影響，這本書可說是馬克思思想的核心。

司機聳聳肩說：「隨便你怎麼說，想在倫敦討生活可沒那麼容易，什麼都貴得要命。」

最後尼古拉在錢筒裡多丟了些錢當小費：「謝啦！很高興認識你。」

司機則遞了一張卡片給尼古拉：「很高興爲你服務，這個電話一天二十四小時都可以叫車，隨叫隨到。」卡片上寫了一個電話號碼，背面則是卡爾·馬克思的肖像畫。

瞧！這不就是一個很成功的廣告。下一次，難得搭計程車的尼古拉又得搭車時，勢必很直接就想起這位自稱馬克思後人的司機先生。

在整個接送的過程中，這名司機一再地將自己和馬克思作連結，以引起尼古拉的好奇，也一再與尼古拉攀談馬克思相關的話題，儼然把馬克思當作事業的商標，可說是相當高明的手法。

我們的大腦一天要關注並處理許許多多的資訊與訊息，如何成功抓住人們的注意力和目光，就是行銷宣傳的最大挑戰。

利用重複來加深印象，利用反差來製造驚奇，這些都是引人注意的好方法；最後，記得不要強迫推銷，把選擇權交到顧客的手中，更是留下好印象的最高指導原則。

看透事理，才不會被謊言蒙蔽

為自己的好處而說謊是欺詐，為別人的好處而說謊是蒙騙，懷有害人之意而說謊是中傷，這是最壞的謊言。

莎士比亞在《亨利四世》這齣戲劇裡寫過這麼一段話：「謠言會把人們所恐懼的敵方軍力增加一倍，正像回聲會把一句話化成兩句話一樣。」

謠言確實是個不容輕忽的東西，除非你能完全置之不理，不被影響，否則謠言一旦傳了出來，就好像在人的心裡種下懷疑的種子，當猜忌這個養料供給夠充足，事情可能就會不可收拾。就如同錢鍾書在《圍城》一書中所說：「兩個人在一起，人家就要造謠言，正如兩根樹枝相接近，蜘蛛就要掛網。」

謠言是如此容易出現，就像蛛網一樣，讓我們不可能完全逃開，就算毫不猶豫地衝了過去，也不免會被搞得灰頭土臉。

解決方法，可能就要聽聽英國詩人雪萊的說法，他說：「對別人的一切，不要信以為真——有人可能為了圖利而欺騙你們。」

戰國時代，有一回，魏國的太子必須被交換到趙國都城邯鄲去作爲人質，魏王決定派遣大臣龐蔥陪同前往。龐蔥一直受到魏王重用，但他很擔心此行前去趙國之後，會有人在背後說他壞話，使魏王不再信任他。爲此，臨行時特地到王宮裡拜見魏王，有點憂愁地問道：「大王，如果有人向您稟報說，街市上有老虎正在逛大街，您相信不相信？」

魏王立刻回答說：「我當然不相信。」

龐蔥接著又問：「如果，又有第二個人也向您稟報說，街市上有一隻老虎在閒逛，您相信不相信？」

魏王遲疑了一下說：「我可能將信將疑。」

龐蔥緊接著問：「要是有第三個人也向您報告說，街市上出現了一隻老虎，這時您相信不相信？」

魏王邊點頭邊說：「既然有三個人這麼說，那麼我可就不得不相信了。」

龐蔥上前分析說：「但是大王，街市上沒有老虎，這是明擺著的事，不過有三個人說那裡有虎，便眞的有虎了。如今我陪太子去邯鄲，那裡離開我們魏國的都城大梁，比王宮離街市要遠得多，再說背後議論我的，恐怕也不止三個人，希望大王今後對這些議論加以考察，不要輕易相信。」

魏王聽了回答：「我明白你的意思了，你放心陪公子去吧！」

龐蔥去趙國不久，果然有人在魏王面前說他壞話。剛開始魏王不信，後來說他壞話的人多了，魏王竟然相信了。等龐蔥從邯鄲回來後，便果眞失去了魏王的信任，再也沒被魏王召見。

龐蔥擔憂自己身在趙國，一旦有人在魏王身邊進讒言，自己沒有辦法馬上辯駁，如果次數一多，魏王可能會信以爲眞，而對他有所猜疑，所以他先以「三人

成虎」的故事勸說，希望魏王能明察秋毫，不妄下斷言，可惜遠水救不了近火，龐蔥果然遭到誣陷而受到魏王猜疑，漸漸疏遠。

所謂「謠言止於智者」，這是希望大家不要道聽途說，以訛傳訛，因爲謠言的散佈實在太過容易，而且有時謠言聽多了反而以假亂眞，大家竟然分辨不出何者爲眞，何者爲假了。這也就是爲什麼以前的人老愛說「眼見爲憑」這句話，因爲如果不是親眼看到，實在也難以確定到底事情的眞相是什麼，到底誰說了眞話，誰又是在唬弄大家。

盧梭把謊言分成了好幾類：「為自己的好處而說謊是欺詐，為別人的好處而說謊是蒙騙，懷有害人之意而說謊是中傷，這是最壞的謊言。」

我們的生活周遭可能就充斥著無數的謊言，能夠秉持著清明的理智去看透事理，就不至於被謊言所蒙蔽。如果我們不希望自己遭到奸詐小人蒙蔽，或者受到有心人士的謠言鼓動，那麼或許第一要件就是不要相信未經證實的傳言。

改變環境就能改變人生

若要強迫他人依照我們的路子去走，枉顧他人的意願，
那麼所得到的回應肯定只有反抗和虛情假意。

「望子成龍，望女成鳳」是人的天性，每個父母都希望自己的子女成龍成鳳，不希望孩子輸在起跑點上，所以花了大把鈔票找補習班、選學校、挑老師，爲的就是希望給孩子一個最優秀的環境。只是，在大人一頭熱的結果之下，往往會忘了問問，孩子心裡到底是怎麼想的。

古今中外諸多例證，可以證明環境對人類的影響，其中對兒童教育影響特別深遠。例如，孟子的母親爲了教育子女，特別爲他選擇了合適的居住環境，讓他

得以安心讀書，用心學習。在環境的薰陶之下，加上母親的不斷督促，孟子果然認眞學習，終有所成。

大家對於「孟母三遷」的故事應該都耳熟能詳吧！

孟子，姓孟名軻，是中國戰國時代著名的思想家和教育家，三歲的時候喪父，由母親撫養長大。孟母是個很有教養的婦女，爲了把兒子培養成爲有用的人，非常重視對他的教育。

當時，孟家附近有一片墓地，出殯、送葬的隊伍經常從他家門前走過。於是，孟子經常模仿隊伍中吹鼓手和婦女哭哭啼啼的樣子，還不時到墓地上玩死人下葬的遊戲，在地上挖一個坑，把朽木或腐草當做死人埋下去。

孟母對兒子這樣學喪家玩耍的模樣很生氣，認爲玩樂沒有出息，不利於他讀書，便把家遷到了城裡。

城裡沒有墓地，於是孟子再也沒有玩埋死人遊戲的環境了。接下來，孟母便要兒子熟讀《論語》，將來成爲一個像孔子那樣的賢人。

剛開始，孟子還能靜下心來讀書，但日子久了，他的心思又浮動了起來。原來他家處於鬧市，打鐵聲、殺豬聲、喊賣聲終日不斷，聽著聽著，他就讀不下去了。接著，他又和小夥伴玩起了做買賣的遊戲。孟母覺得在這個地方居住，確實很難集中心思讀書，便再次搬遷到城東的學校對面居住。

學校周邊的環境果然不一樣，經常書聲琅琅，一派讀書氣氛，孟子果然安下心來讀書。他不時地還向學宮裡張望，看看裡面的學生是怎樣讀書，又是怎樣跟隨老師演習周禮的，回到家裡，竟也模仿起來。

一天，孟母發現兒子在磕頭跪拜，以爲他又在玩埋死人的遊戲了，不禁板起了臉，後來聽兒子說是在演習周禮，頓時眉開眼笑。

不久，她將孟子送進了學校，有系統地學習《詩經》、《尚書》，成長更爲快速。後來，他終於成爲僅次於孔子的名儒。

孟母三遷的故事之所以令人信服，就在於孟母雖然希望孩子走上學聖的道路，但她只是去安排了適當的環境，眞正決定要學書習禮的人還是孟子個人。

的確，唯有當孩子自己認同學習是一件快樂的事、有趣的事，他才能眞正將所學到的事物，吸收成爲自己的養分。

最近很多人在談教改，換個部長就換個改革的方向，整個教育政策幡然改圖，一群群青春學子就在成人的會議桌上，像娃娃一樣操縱來操縱去，難怪有越來越多的孩子顯露出偏差行爲，讓這些自以爲是的大人頭痛。

不管政策怎麼訂，做決策的人應該要把孩子放在心上，因爲孩子才是眞正要在這個體制下呼吸的人，應該要有人去聽聽孩子的聲音吧！

他們或許學識不夠，或許經驗不足，但是他們的感受卻是眞眞實實的，成人不應該將之摒除在外。

棒球界的名人王貞治，自己就坦承不愛唸書，只愛打球，他說：「強迫不愛讀書的孩子讀書，那是沒有多大意義的。我之所以敢這麼說，是基於我自身的經驗。如果我沒有打棒球的能力，我的人生很可能是極其平凡的。」

雖然王貞治沒有顯赫傲人的學歷，但是他在棒球界的成績卻是有目共睹的，不知有多少學歷傲人的人也是他的瘋狂球迷呢！

羅曼·羅蘭有一句話說得很好：「你以為使孩子喜歡或不喜歡的事物，絕不是孩子真正喜歡或不喜歡的。」

任何人一廂情願的想法或許難免，但是，若要強迫他人依照我們的路子去走，未免就失了尊重。失去了尊重，枉顧他人的意願，那麼，我們所得到的回應，肯定就只有反抗和虛情假意。

因爲我們能做的，只是提供一個環境、一個氣氛，把樂意的人拉進來，如此而已。所謂環境薰陶勝過填鴨壓迫，就是這樣的道理。

孩子有孩子的道路，孩子有孩子的人生，父母師長能做的只是指引出一個方向，要怎麼走，要往哪裡走，是該由孩子自己去決定的。

即使是小處也絕不馬虎

做人做事的基本原則是，即使是小處也不能馬虎。光是會編織美麗無比的樓閣幻想，那麼夢想可能永遠只是虛幻的夢想。

埃及哲人狄摩西尼說：「小的機遇往往是偉業的開始。」

前蘇聯政治家列寧說：「不要成為一個光想做大事情的空想家。要做一個善於同小要求結合起來的實事求是的政治家。這種小事情有助於爭取大事情，我們認為做小事情是爭取做大事情最可靠的階段。」

任何一件小事，也有可能累積而變成爲大事。因此，與其空抱著遠不可及的夢想，不如由自己觸手可及的足下開始做起。

貫徹這樣的想法，才是邁向成功最好的方法。

孔子的弟子言偃，字子游，對於禮樂之道相當重視，也一向最認眞學習。後來，他有機會到武城（在今山東費縣西南）做官，但他並不因爲這只不過是一座小城就隨便，反而照樣倡導百姓習禮作樂，要求他們經常彈琴唱歌。

一次，孔子帶著幾個弟子外出，經過武城，聽到那裡到處是彈琴唱歌之聲，便微笑著說：「殺雞哪用得上宰牛的刀？」

孔子的意思很明白，武城是個小地方，而禮樂屬於大道，治理這樣一塊小地方就施用禮樂大道，就好比用宰牛的刀去殺雞，不免是小題大做。

但是，言偃卻對孔子的說法相當不以爲然，他提出疑問：「從前老師教導我們，統治百姓的人學了禮樂的大道，就會懂得愛護百姓，而百姓學了禮樂的大道，就會變得容易驅使。難道老師的這個教導對武城是不適用的嗎？」

言偃這一問，孔子頓時醒悟過來。於是，孔子轉身對隨行的弟子們說道：

「你們注意了，言偃說的話是對的。我剛才說的『殺雞哪用得上宰牛的刀』，不過是跟他開玩笑罷了！」

子游的可貴之處，在於能由小處做起，即使是治理小小的縣城，也將自己所學的儒家思想與精神融入其中。

或許，這麼做真的是小題大作，但是重要的是其中的心意，萬事萬物都是由小處累積而起，隨著理念的推廣，能夠接受儒家禮樂制度的民眾愈來愈多，將來必定能夠向上影響，讓社會逐漸趨於安定。

雖然，武城只不過是一個小小的城邑，但是治理的原則，對於大地方和小地方又有什麼樣的差別呢？

如果這個原則連武城這樣的小地方都沒有良好的成效，那麼是不是該反過來思量是否原則出了問題呢？

這樣的論點，連孔子也無法不信服了吧！否則豈不是自打嘴巴嗎？畢竟這些

大道理都是孔子自己提倡的。

所謂的原則或方法，必須加以實踐才有意義。

德國思想家歌德就相當強調實踐的功夫，他曾經這麼說過：「人們在那裡高談天啟和靈感的東西，而我卻像首飾匠打造金鎖一樣，精心地勞動著，把一個個小環非常合適地連接起來。」

做人做事的基本原則是，即使是小處也不能馬虎。光是會編織美麗無比的樓閣幻想，那麼夢想可能永遠只是虛幻的夢想，但是，一步一步腳踏實地把每一件小事做得盡善盡美，那麼累積起來必然是相當可觀的成就。

將挫折轉變成向上的力量

唯有靠自己的力量走出悲傷的陰霾，不被沮喪束縛住，
我們才能堅持不輟地往我們希冀的目標走去。

所謂的「厚黑心理學」，從負面的角度解讀，當然會得出負面的觀感，但是，只要我們從正面的角度解讀，就會知道它意味著積極的人生態度，也就是爲了達成人生目標，不管遭遇什麼挫折，都能堅忍不拔。

每個人都有自己想要努力的目標，而且對於這個目標充滿「衣帶漸寬終不悔」的執著，就算沒得吃、沒得睡也甘之如飴。然而，當目標之前出現了阻礙，幾番努力卻嘗盡失敗，那麼，你還會執著這個目標與夢想嗎？

有人說，信念是恆久不變的意念，一個人的人信念，照理說是不太可能輕易地變動，除非這個人本來就不是個意志堅定的人。

為了完成自己的信念，我們勢必得咬緊牙關，再大的阻礙也得想盡辦法去移除，這才是對得起自己的做法。

只不過，挫折沮喪在所難免，與其苦情地暗嘆老天不公，何不試著將生命中不得不出現的種種挫折轉變成一股向上的力量，帶領我們超越自我，也超越難關。

李白是唐代著名的大詩人，傳說少年時代，曾經做過一個奇特的夢，夢見自己使用的筆，筆頭開出鮮豔的花朵，一張張白紙自動飛到他眼前。李白高興極了，就抓起妙筆飛快地寫了起來，落在紙上的卻是一朵朵盛開的鮮花。

後來，李白刻苦讀書，並且深入社會生活，遊歷中國名山大川，果然文筆不凡，創作了大量的不朽詩篇。

他熱情歌頌了雄偉、壯麗的國家，更揭露了腐朽黑暗的封建社會。他的許多

著名的詩篇，流傳千古，至今仍被中外讀者吟詠傳頌。

李白一生雖然流離失意，但因爲曲折離奇的遭遇與豐富的社會體驗，給了他諸多靈感，寫下無數動人詩歌。

不過，在他性格中豪放不羈的另一面，也就是頹廢放蕩與玩世不恭，亦即輕率多於嚴謹，這一點也反映在他的作品上，以他的詩文內容來看，多是反映民生疾苦與社會問題，但其中令人感到沈鬱蒼涼的就不多了。

人，可以活得快樂，也可以活得不快樂；快樂的人懂得如何排解自己的情緒，淡忘生命中的不幸，讓自己活在正面的陽光之下。

李白的才氣是大家公認的，可是在現實生活中，他卻難以平步青雲，事事順利；這樣的際遇，在悲觀的人過來，恐怕早已傷春悲秋個不停了，沒有幾個人能像他一樣，寫出那般豪情的詩句。他的詩讓人明白，生活的悲與喜是來自於自己的想法，你覺得喜就是喜，你覺得悲就會悲了。

寫出《彼得潘》這部膾炙人口文學作品的作家詹姆斯・巴利說：「帶來陽光照他人生命的人，自己也會沐浴在陽光下。」

所以，何不試著讓自己學會用正面的眼光看事情，挫折的另一面不也可以說是一種考驗，一種修行嗎？

抱怨與自怨自艾，只有一點點的話，別人還會出聲安慰你幾句，如果成天抱怨個不停，那麼遲早你周圍的人都會跑得一個不剩，因爲別人還想快樂地活上幾年，誰也不想被你的悲情傳染。

所以唯有靠自己的力量走出悲傷的陰霾，不被沮喪束縛住，我們才能堅持不輟地往我們希冀的目標走去。

即使遭逢困境也要記得微笑

失敗已經是既成的事實了，整天怨嘆時運不濟，抑或是遷怒他人，又有什麼用呢？倒不如仰頭一笑，收拾所有沮喪的想法，重新出發。

命運是一個奇妙的歷程，我們不會永遠一帆風順，也不會永遠乖蹇坎坷。人生的路途既長且遠，不會全部都是康莊大道，也不是全都滿佈荊棘，然而，就是因為有了那樣的起起伏伏，生命才會變得耐人尋味，變得有樂趣。

人生當中，事與願違的情況相當多，英國作家毛姆說得好：「生命是很有趣的，往往你避之為恐不及的事，就偏偏讓你遇上了。」

記得有位中餐師傅說起學生時代的趣聞。有一次考試，他最怕的就是蝦餃這道費時費工的麻煩菜，天天睡前禱告希望自己不要抽到這個霸王籤，可是就那麼巧，他第一個抽籤，第一個就被他抽到了。然而，再怎麼怕，再怎麼不情願，抽到了就算硬著頭皮也得做出來，其實他並不是特別不會做這道菜，只不過是自己嚇自己罷了，最後他還是順利過關了。

美國作家路易斯．斯特朗說過：「與其咒罵黑暗，不如燃起一枝明燭。」不要害怕失敗，也不要逃避命運，而要坦然面對，現在吃的苦，日後回過頭來想，總會留有一絲餘甘。

孔子三十歲開辦私學，短短幾年就引來了大批求教的弟子。孔子雖然名氣不小、滿腹抱負，但是他官運卻始終不佳，直到五十歲那年，才被魯定公任命爲中都宰，主管中都（今山東汶上）這個地方。

孔子上任才一年，中都地方就已出現了太平的景象。過了一年，魯定公升他爲主管工程建築的司空，後來，又升他爲主管司法和治安的司寇。

但是，他擔任這些職務的時間並不長，五十五歲那年，他因為對魯定公接受齊國所送的美女一事感到不滿，便憤而和弟子們離開了魯國。

孔子先後來到衛、陳、宋等諸侯國遊說，但這些國家的國君都不能接受他所提出的治國言論，於是他又來到鄭國。

不料，過程中出了一個意外，在鄭國都城的東門外，孔子和他的弟子們走散了，只好一個人孤零零地站在城門下等候。

當時，他的弟子子貢焦急地到處尋找孔子。有個鄭國人問他找誰，他急切地說：「喔，我在找我的老師，不知你是否見到他？」

那名鄭國人回答說：「東門口是有個老頭兒，形狀不倫不類，非常古怪。他腦門有點像堯帝，脖子有點像皋陶，肩膀有點像子產。不過，他那沒精打采的樣子，活像一條喪家之犬。不知他是否是你的老師？」

子貢趕緊來到東門，終於找到了孔子，子貢如實地將那個鄭國人描述的話說了一遍，孔子聽後笑著說：「他說我像這像那，倒是未必，不過，說我像喪家之犬，是說對了！說對了！」

從這個故事裡，我們可以看出一件事，就算是學識品德如孔子這般的賢哲，也難免會遇上挫敗與失望。

但是，失敗已經是既成的事實了，如果就此放棄理想，整天怨嘆時運不濟，抑或是遷怒他人，又有什麼用呢？

孔子周遊列國宣揚仁德禮義，但屢屢遭挫，幾番顛沛之下，不免狼狽至極，神情沮喪。所以，當那位鄭國人形容他是喪家之犬時，他倒不怒反笑，因爲那人不一定是惡意不敬，反倒是貼切地說出他們一行目前的處境。畢竟在春秋時代，諸侯交相征戰頻仍，大家都爲己私己利，根本沒有辦法接受儒家所倡的禮樂制度，所以他們正有如同喪家之狗般無人理會。

人生遭逢困境在所難免，如果因此消志，一蹶不振，那麼眞的沒有成功的機會了，倒不如仰頭一笑，收拾所有沮喪的想法，重新出發。別忘了，眼前的困頓只是過程，只要繼續堅持，美好的未來終將來到。

童話作家安徒生曾經說：「生命是美麗的！我們不要老垂著頭！勇敢地前進吧！」

不要放棄希望，不要被失敗打倒，從失敗中浴火重生，便意謂著我們已往成功的大門更進了一步。

以樂觀、進取的態度來訓練自己，就能讓我們的精神保持在良好的狀態下，積極發揮自己的潛力，克服人生旅途上的種種困難與障礙。

揚起頭，我們就能發現周遭奇山麗水的風景；回首望，就能看到我們曾做過的努力已為我們留下美麗的足跡。

到那時，到達頂峰的我們，將會有看不完的壯闊景象。

想要演戲，就要演得入戲

一個舉止有禮、行為得體的人，會受到別人尊敬，但一個言行偽善、笑裡藏刀，卻又掩飾不佳的人，則會讓別人感到不齒。

英國思想家培根說過：「一個人如果對待陌生人親切而有禮貌，那他一定是一位真誠而富有同情心的好人，他的心常和別人的心聯繫在一起，而不是孤立的。」

培根的言下之意，不只讚頌親切待人的高尚品德，也強調禮儀必須要發自內心，如此才能真正感動他人。

他還曾經說過：「禮節要生動自然才顯得高貴，假如在表面上過於做作，那

就失去了應有的價值。」

的確，做作的禮儀比起無禮而言，還來得令人作嘔。

據說，西元前四九五年時，諸侯國邾（鄒國本來的稱謂）國的君主隱公來到魯國，會見魯國的君主魯定公。

當時，魯定公舉行了相當隆重的儀式來歡迎他，場面相當盛大，孔子的學生子貢也應邀請前來觀禮。

歡迎儀式開始後，邾隱公仰著臉，把玉器高高舉起，態度很傲慢，相反的，魯定公在接受玉器的時候，則俯著臉，彎著腰。兩位君主不同的神情和態度，形成了極爲鮮明的對照，在旁觀禮的人們看了都感到非常驚訝。

子貢對於兩位諸侯國君的表現，相當不以爲然，忍不住要發表自己的意見，他說：「諸侯相見要手執玉器，這是從周朝就開始施行的禮節，所以今天這件事情要用禮來看待。但如果用禮來看待這件事的話，我認爲兩位君主都快要滅亡了。

因爲，禮是死亡或生存的主體，人的一舉一動，或左或右，以及揖讓、進退和俯仰等等，都由禮來規範；朝會、祭祀、喪事、征戰等等，也要用禮來觀察它。」

子貢接著說：「眼下是正月，在一年之初諸侯相互朝見，竟會如此不顧禮儀規定，說明他們心裡已經沒有禮了。朝會不合於禮，哪裡能夠長久？邾國君主的高和仰是驕傲，魯國君主的低和俯是衰廢。驕傲易引來動亂，衰廢則接近疾病。魯國的君王是主人，恐怕也會先死去！」

兩國國君只重視儀式，其內心是輕蔑禮制的。子貢認爲失了禮將導致亂亡，若心中無禮，那麼儀式又有何用呢？果然，魯國和邾國二國很快地便失去了與他國競爭的優勢，只能淪爲附庸。

在做人做事方針中，重點就在於心誠。有了誠心，所作所爲才不致於虛假輕浮。就算做戲也要做得認眞，至少不能被人一眼就看穿，正如英國政治家洛克所說的：「要能做到恰如其分的普通禮節與尊重，表明你對他人的尊敬、重視與善

意。這是一種很高的境界，要能做到這種境地，而又不被人家疑心你是諂媚、偽善或卑鄙，是一種很大的技巧。」

一個舉止有禮、行爲得體的人，會受到別人尊敬，但一個言行僞善、笑裡藏刀，卻又掩飾不佳的人，則會讓別人感到不齒。

要演戲就要演得入戲，如果沒有心要做，倒不如不做，因爲勉強是不會有結果的，心裡不想的怎麼裝也裝不來。

如果彼此都沒有真心，就好像子貢所說，雖然知道要遵從禮儀之道，但是內心卻完全不做如此想，那麼禮儀也不過就是個表面儀式而已，做戲給旁人看看罷了，何必彼此浪費時間呢？

印度詩人泰戈爾曾說：
越是有人責備我，我就越堅強；越是面對刻薄的人，我就越懂得寬容。
因為，刻薄的人，有時候是一面自我省思的鏡子，我們可以從鏡子中看到自己曾經刻薄的嘴臉，進而體會到被刻薄的人，那份渴望被寬容的心情。

法國文豪巴爾札克曾經寫道：
世上所有德性高尚的聖人，都能忍受凡人的刻薄和侮辱。
其實，有時候，刻薄的人，比那些表面迎逢你的人更有用處，因為，他們的話語雖然尖酸，但卻句句是實話，

王度 編著

心放寬，道路就會變寬

Release The Mind

放開心胸，用不同的眼光看待事情

尼克勞斯曾經寫道：「**心無罣礙，才能讓自己海闊天空。**」
活在現實功利的社會中，人的煩惱越來越多，執著越來越深重，心胸也跟著越來越狹隘，不少人都感慨日子越來越難過。
事實上，只要我們願意放開心胸，用不同的眼光看待事情，換不同的做法解決問題，日子要過得自在，其實並沒那麼困難。
障礙，往往來自心中出現罣礙。當我們面對人生的各項難題時，只要先掃除心中的罣礙，
那麼所有擋在眼前的絆腳石，都會成為人生道路的墊腳石。

楚映天 編著

生活良品

10

改變態度，就會改變你的高度全集

作　　者　黛　恩
社　　長　陳維都
藝術總監　黃聖文
編輯總監　王　凌
出 版 者　普天出版社
新北市汐止區康寧街 169 巷 25 號 6 樓
TEL / (02) 26921935 (代表號)
FAX / (02) 26959332
E-mail：popular.press@msa.hinet.net
http://www.popu.com.tw/
郵政劃撥 19091443 陳維都帳戶
總 經 銷　旭昇圖書有限公司
新北市中和區中山路二段 352 號 2F
TEL / (02) 22451480 (代表號)
FAX / (02) 22451479
E-mail：s1686688@ms31.hinet.net
法律顧問　西華律師事務所・黃憲男律師
電腦排版　巨新電腦排版有限公司
印製裝訂　久裕印刷事業有限公司
出 版 日　2019 (民 108) 年 9 月第 1 版
I S B N◉978-986-389-665-4　　條碼 9789863896654

國家圖書館出版品預行編目資料

改變態度，就會改變你的高度全集／
黛恩著.—第 1 版.—：新北市,普天
民 108.9 面； 公分. - (生活良品；10)
I S B N◉978-986-389-665-4 (平裝)

普天之下・盡是好書
普天 出版家族
Popular Press Family
凌雲 文創
A-Plus Creative Company